UNGARISCHE JAHRBÜCHER

ZEITSCHRIFT für die kulturellen, sozialen und wirtschaftlichen Fragen Ungarns und seiner Nachbarländer. — Begründet von **ROBERT GRAGGER.** Unter Mitwirkung von W. BANG, Z. v. GOMBOCZ, E. LEWY, K. SCHÜNEMANN, herausgegeben von dem Direktor des Ungarischen Instituts an der Universität Berlin **JULIUS v. FARKAS.** — Die Jahrbücher erscheinen viermal jährlich.

Bd. I, Heft 1—4:	RM. 12.—;	geb. RM. 13.50	Bd. II, Heft 1—4:	RM. 12.—;	geb. RM. 13.50
Bd. III, Heft 1—4:	RM. 12.—;	geb. RM. 14.—	Bd. IV, Heft 1—4:	RM. 12.—;	geb. RM. 14.—
Bd. V, Heft 1—4:	RM. 16.—;	geb. RM. 18.—	Bd. VI, Heft 1—4:	RM. 20.—;	geb. RM. 22.—
Bd. VII, Heft 1—4:	RM. 24.—;	geb. RM. 26.—	Bd. VIII, Heft 1—4:	RM. 24.—;	geb. RM. 26.—
Bd. IX, Heft 1—4:	RM. 24.—;	geb. RM. 26.—	Bd. X, Heft 1—4:	RM. 24.—;	geb. RM. 26.—

AUS DEM INHALT DER BISHER ERSCHIENENEN BÄNDE:

Sprachwissenschaft

BANG, W.: Türkisches Lehngut im Mandschurischen (IV). —: Turkologische Briefe aus dem Berliner Ungar. Inst. I—III (V). —: Turkologische Briefe aus dem Berliner Ungar. Inst. IV (VII). BRANDL, A.: Der Name *Magyar* bei König Alfred (III). BROCKELMANN, C.: Naturlaute im Mitteltürkischen (VIII). GIESE, F.: Zum Wortschatz der altosman. anonymen Chroniken (VIII). GOMBOCZ, Z.: Geschichte der urungar. *a*-Laute (VIII). GRAGGER, R.: Zur Geschichte der ugrofinn. Sprachwissenschaft (IV). GYÖRFFY, St.: Rumänische Ortsnamen (VI). JOKL, N.: Die magyar. Bestandteile des alb. Wortschatzes (VII). JUHÁSZ, J.: Mokschamordwinische Wortpaare (VII). JUNKER, H.: Türk. *Šïmnu* „Ahriman" (V). —: Neupers- *asan* „leicht" usw. (V). LEWY, E.: Kurze Betrachtung der ungar. Sprache (IV). —: Arisch-Finno-Ugrisches (VI). —: Eine wotjakisch-iranische Gleichung (VII). —: Possessivisch und passivisch (VIII). LOSONCZY, Z.: Die ungar Sprachwissenschaft 1920—21 (II). MARKWART, J.: Np. *ādina*, ‚Freitag' (VII). MEZGER, F.: Altgerman. Zeugnisse zu ost- und nordeurop. Völker- und Ländernamen (II). MLADENOV, St.: Zur Erklärung der sogenannten Buela-Inschrift des Goldschatzes von Nagy-Szent-Miklós (VII). MOÓR, E.: Ungarische Flußnamen (VI). PAIS, D.: Die altungar. Personennamen (III). POPPE, N.: Altaisch und Urtürkisch (VI). —: Die türkischen Lehnwörter im Tschuwassischen (VII). RACHMATULLIN, G. R.: Die Hilfsverben und Verbaladverbien im Altaischen (VIII). SCHAEDER, H H.: Zur Beschriftung des Schatzfundes von Nagy-Szent-Miklós (V) —: Zu H. Winklers 80. Geburtstag (VIII). SCHULZE, W.: Zum Tocharischen (VII). —: Osteuropäisches (VIII). SCHÜNEMANN, K.: Esztergom, der ungar. Name der Stadt Gran (VII). SETÄLÄ, E.: Josef Szinnyei 70 jährig. (VII). —: Ein vorarisches ev. urindogerman. Kulturwort im Finnisch-Ugrischen (VII). —: Einige vor- und urarische *-er-* und *-r*-Wörter in den fiugr. Sprachen (VIII). SZINNYEI, J.: Die Ungar Akademie der Wissenschaften und die ungar. Sprachwissenschaft (VI). THIENEMANN, T.: Die deutschen Lehnwörter der ungar. Sprache (II). THOMSEN, V.: Aus Ostturkestans Vergangenheit (V). TREML, L.: Die ungar. Lehnwörter im Rumänischen I (VIII). —: Die ungar. Lehnwörter im Rumänischen II (IX). WINKLER, H.: Die altaischen Sprachen (IV).

Geschichte und Hilfswissenschaften

ALFÖLDI, A.: Der Untergang der Römerherrschaft in Pannonien I, II (III). —: Der Untergang der Römerherrschaft in Pannonien III (IV). ANGYAL, D.: Das österr. Staats- und Reichsproblem (III). — ARRAS, P : Regestenbeiträge zur Geschichte des Mathias I. Corvinus (IV). BALOGH, E. v.: Die gesammelten Werke des Grafen Tisza (III). BERZEVICZY, A. v : Der italienische Feldzug von 1859 und Bachs Sturz (VI). BRINKMANN, C.: Bulgarisch-ungarische Beziehungen im 5. bis 11. Jh. (II). —: Die Agonie der Doppelmonarchie (V). BRÜCKNER, A.: Zwei polnische Bücher über Ungarn (V). —: Zur Geschichte der Slowakei (VI). BUCHNER, M.: Um das Nibelungenlied (IX). FEHÉR, G : Ungarns Gebietsgrenzen in der Mitte des 10. Jh. (II). GYALÓKAY, E. v : Die Schlacht bei Mohács (1526) (VI). HOLIK, Fl.: Die erste gelehrte Gesellschaft in Ungarn (III). HOLTZMANN, W.: Papst Alexander III. und Ungarn (VI). HÓMAN, B.: Der Ursprung der Siebenbürger Székler (II). —: Geschichtliches im Nibelungenlied (III). KÁROLYI, A.: Stephan Széchenyis beschlagnahmte Schriften (II). LUKINICH, E.: Preußische Werbung in Ungarn (1722—40) (VI). —: Albrecht Dürers Abstammung (IX). MÁLYUSZ, E. v.: Die Entstehung des Komitates Túróc (I). MOÓR, E.: Die deutschen Spielleute in Ungarn (I). —: Anschauung von der Urheimat der Ungarn, im Mittelalter und bei den Humanisten (VII). MORDTMANN, J. H.: Osmanische Historiographie und Urkundenlehre (VIII). MÖTEFINDT, H.: Der Schatzfund von Nagy-Szent-Miklós (V). OREND, M.: Die ältesten von Stammes-, Gebiets- und Ortsnamen abgeleiteten Familiennamen der Siebenbürger Sachsen (IX). RELKOVIĆ, N.: Aus dem Leben der sieben „niederungar. Bergstädte" im 14.—17. Jh. (VI). SCHMIDT, L.: Die Ostgoten in Pannonien (VI). —: Franken und Sachsen im 6. Jh. in Pannonien? (IX). SCHÜNEMANN, K.: Zur Landnahme der Ungarn (III). —: Ungar. Hilfsvölker in der Literatur des deutschen Mittelalters (IV). —: Hunnen und Ungarn (V). —: Die „Römer" des anonymen Notars (VI). TAKÁTS, A.: Ungar. und türk. Berufsschreiber im 16. und 17. Jh. (I). THIM, J. R.: Die Gründungsversuche Jugoslawiens 1848 49 (I)

UNGARISCHE BIBLIOTHEK
Für das Ungarische Institut an der Universität Berlin
herausgegeben von JULIUS VON FARKAS

Zweite Reihe

7.

Das Volksvermögen Ungarns

Ein Beitrag zur Frage der Schätzung des Volksvermögens im allgemeinen

Von

Friedrich von Fellner
Universitäts-Professor in Budapest

1930

Walter de Gruyter & Co.
vormals G. J. Göschen'sche Verlagshandlung — J. Guttentag, Verlagsbuchhandlung
Georg Reimer — Karl J. Trübner — Veit & Comp.
Berlin und Leipzig

Inhaltsverzeichnis.

Vorwort.

Vorliegende Arbeit, welche in ungarischer Sprache von der Ungarischen Akademie der Wissenschaften herausgegeben wurde und in französischer Sprache im Bulletin de l'Institut International de Statistique, Band XXIV, 2 erschienen ist, wird nun auch für den deutschen, wirtschaftlich interessierten Leserkreis zugänglich. Ich halte die Veröffentlichung in deutscher Sprache hauptsächlich aus dem Grunde für besonders angebracht, weil die Schätzung des Volksvermögens anläßlich der Wiener Sitzung des ständigen Unterausschusses für theoretische und soziologische Forschung im Verein für Sozialpolitik (22. September 1926) als ein unlösbares Problem hingestellt und der wissenschaftliche Wert der diese Frage erörternden Arbeiten in Zweifel gezogen wurde mit dem Hinweis, daß diese vornehmlich nur politischen Zwecken dienen (DIEHL). Obwohl ich dieser Auffassung im Verlauf der Tagung entgegengetreten bin (vgl. Schriften des Vereins für Sozialpolitik. 173. Band. Beiträge zur Wirtschaftstheorie. I. Teil. Volkseinkommen und Volksvermögen. 1926. S. 148ff.), hielt ich es dennoch für notwendig, auch durch meine vorliegende Arbeit zu beweisen, daß die Wissenschaft mit konstruktiven Zielsetzungen auch vor den schwierigsten und verwickeltesten Problemen, die ihr gestellt werden, nicht zurückweichen darf. Die Arbeiten, die sich mit der ziffermäßigen Ermittlung des Wertes des Volksvermögens befassen, können nicht als vage Mitteilungen angesehen werden, welche ohne jede wissenschaftliche Begründung mit Milliardenbeträgen hasardieren, sie bringen vielmehr die Ergebnisse einer sorgfältigen und methodisch strengen Forschungsarbeit.

Vorliegende Schrift umfaßt nicht den ganzen Fragenkomplex des Volksvermögens. Sie enthält weder die dogmengeschichtliche Darstellung der Volksvermögenstheorien noch die Resultate der in den einzelnen Ländern vorgenommenen Schätzungen, auch nicht eine eingehende Analyse der verschiedenen angewandten Methoden. Diesbezüglich verweise ich auf meine vorherigen einschlägigen Arbeiten: *Die Schätzung des Volksvermögens*, Budapest 1893; *L'évaluation de la richesse nationale* (Bulletin de l'Institut International de Statistique, Tome XIII, 1902); *Das Volksvermögen Österreichs und Ungarns* (Bulletin de l'Institut International de Statistique, Tome XX. 1913).

Dieses Buch will das Problem des Volksvermögens vom Standort Ungarns aus betrachten, die hier angewendete Methode begründen und statt der vielen improduktiven theoretischen Debatten zu konkreten Ergebnissen gelangen, die auch für praktische Volkswirte und Finanzpolitiker von Wert sind.

Budapest, den 4. April 1930.

Der Verfasser.

I.

Begriff des Volksvermögens und die bei der Schätzung des Volksvermögens angewendeten Methoden.

Das Volksvermögen ist die Gesamtheit aller jener wirtschaftlichen Güter, die zu einem gewissen Zeitpunkte einem staatlich organisierten Volke zur Verfügung stehen, unter Hinzurechnung der dem Auslande gegenüber bestehenden Kapitalsforderungen und abzüglich der Schulden. Zu dem Volksvermögen gehören nur solche Güter, welche Gegenstand des Verkehrs bilden (z. B. Grundbesitz, Bergwerke, Gebäude, Mobilien, Forderungen gegenüber dem Auslande), oder aber solche, welche, obgleich nicht Gegenstand des Verkehrs, doch das Ergebnis produktiver Tätigkeit und Kapitalsinvestition sind (z. B. Steinstraßen, regulierte und schiffbar gemachte Wasserstraßen). Somit gehören nicht zu den Elementen des Volksvermögens — so wichtig diese auch vom Gesichtspunkte der nationalen Produktion aus sein mögen — die freien Güter, die ohne Gegenleistung, in welchem Maße immer, beschafft werden können, da sie unbeschränkt zur Verfügung stehen (wie z. B. das günstige Klima, eine vorteilhafte hydographische Lage), weiterhin die Arbeitskraft des Volkes, die nicht das Ergebnis produktiver Tätigkeit ist.

Das Volksvermögen ist mehr als die Gesamtheit der Vermögen der dem Staate angehörenden einzelnen physischen Personen. Denn das Volksvermögen besteht nicht nur aus den Gütern, welche das Vermögen der einzelnen physischen Personen bilden, sondern auch aus dem Vermögen der juristischen Personen (der Gesellschaften, Gemeinden, Munizipien, Korporationen, Stiftungen des Staates usw.)[1]. Das Volksvermögen ist die in volkswirtschaftlichem Sinne genommene Gesamtheit der öffentlichen und Privatvermögen. Als solches umfaßt es nicht die einander

---

[1]) DIEHL nennt das Vermögen des Staates und der Gemeinden „Volksvermögen", das Vermögen der Privatpersonen „Sozialvermögen" beide zusammen „Nationalvermögen" (KARL DIEHL: *Einleitende Bemerkungen zur Diskussion über die Begriffe Volksvermögen und Volkseinkommen.* Schriften des Vereins für Sozialpolitik. 173 Band. I. Leipzig 1926. S. 6). Es wäre richtiger, das Vermögen des Staates und der Gemeinden „öffentliches Vermögen" und die Gesamtheit der Privatvermögen „Sozialvermögen" zu bezeichnen. Beide zusammen wären National-, resp. Volksvermögen, als identischer Begriff.

gegenüber bestehenden Geldforderungen (Wertpapiere, Spareinlagen usw.) der zur Volksgesamtheit gehörenden einzelnen Personen, da die Geldforderungen einer Privatwirtschaft die Schuld der anderen bedeuten; sie kompensieren sich gegenseitig. Das Wertpapier, die Spareinlage, ist in der Hand des kreditierenden Besitzers eine Forderung, also vom privatwirtschaftlichen Gesichtspunkte aus ein Vermögenselement, bei dem das Wertpapier emittierenden Schuldner aber eine Verbindlichkeit. Innerhalb der Volkswirtschaft des Landes sind demnach weder die gegenseitigen Forderungen, noch die gegenseitigen Schulden auf die Höhe und die Gestaltung des Volksvermögens von Einfluß. Hingegen führt die Geldforderung von Inländern dem Auslande gegenüber zur Steigerung des Volksvermögens, bildet somit ein Element desselben, während die Schuld der Inländer dem Auslande gegenüber das Volksvermögen verringert.

Das Volksvermögen besteht aus immobilen, mobilen und in der Beziehung zum Auslande aus ideellen (immateriellen) Gütern. Die Elemente des Volksvermögens sind: die Immobilien (Grundbesitz, Bergwerke, Gebäude); die Verkehrsmittel (Straßen, Brücken, Wasserstraßen und Schiffbestand, Eisenbahnen, Post, Telegraph, Telephon, Kraftfahrzeuge); die beweglichen Güter; die Kapitalforderungen dem Auslande gegenüber. Von diesem Brutto-Volksvermögen ist die dem Auslande gegenüber bestehende Kapitalsschuld in Abzug zu bringen[1]).

Bei der Schätzung des Volksvermögens können drei verschiedene Methoden in Anwendung gebracht werden. Die personale (subjektive) Methode geht von dem Vermögen der einzelnen Personen aus und ermittelt das Gesamtvermögen durch Summierung der einzelnen Vermögen. Diese Methode kann dort angewendet werden, wo eine allgemeine Vermögenssteuer erhoben wird. Die moderne allgemeine Vermögenssteuer

---

[1]) Einige Gelehrte betrachten auch die in der Unternehmung befindliche wirtschaftliche Kraft als ein Element des Volksvermögens. So WEYERMANN in seiner Abhandlung: *Vermögen und Volksvermögen*. (Schriften des Vereins für Sozialpolitik. 173. Band. I. S. 114 u. 133.) Die Unternehmungen sind keine selbständigen Elemente des Volksvermögens, sondern bloß Organisationen zur Förderung des Reichtums. Im Organismus der Unternehmungen erscheinen die Zusammenfassungen aus Grund und Boden, Gebäuden und Mobilien als selbständige Rechtsgestaltungen. In ihre Bestandteile zerlegt, sind die Unternehmungen bei den einzelnen Elementen des Volksvermögens inventarisiert. Weder die Erhöhung oder Verringerung der Zahl der überwiegend in Form von Aktiengesellschaften erscheinenden Unternehmungen, noch ihre Kapitalskraft sind auf die Höhe des Volksvermögens von Einfluß. Die Unternehmung erscheint blos als Faktor der Verteilung des Volksvermögens, nicht aber als ein Element desselben. — Auch HENRI GROSSMANN betrachtet in seiner Abhandlung: *Avoir public du Royaume de Pologne* die Unternehmungen als selbständige Elemente des Volksvermögens. (Revue Mensuelle de Statistique. Varsovie 1922. S. 276.)

befreit die kleinsten Vermögen von der Steuer[1]), aber nicht, um in erster Reihe die sozialpolitische Forderung eines Existenzminimums zu erfüllen, sondern vielmehr aus fiskalem Interesse, da die mit der Ermittlung der kleinsten Vermögen und der Eintreibung der entsprechenden Steuer verbundenen Kosten die Einnahmen übersteigen würden; behufs Vermeidung einer Doppelbesteuerung befreit aber manches Vermögenssteuersystem — so auch das ungarische[2]), — auch die juristischen Personen von der Besteuerung. Demzufolge ist das steuerstatistische Material nicht vollständig, so daß die Summierung der Einzelvermögen — bei Anwendung der subjektiven Methode — nur das besteuerte Gesamtvermögen, nicht aber das Volksvermögen ergeben wird[3]). Im Wege der Summierung der besteuerten Vermögen wird die gewaltige Masse der steuerfreien kleinen Vermögen nicht berücksichtigt, ebenso auch nicht das im Besitz von juristischen Personen befindliche, einen großen Wert repräsentierende immobile und mobile Vermögen. Andererseits aber werden, mit Rücksicht darauf, daß wir im Wege der Summierung der besteuerten Vermögen, zu der Gesamtheit der Vermögen im privatwirtschaftlichen Sinne gelangen, auch solche imaginäre Werte berücksichtigt (wie z. B. Pfandbriefe, Spareinlagen usw.), welche keine Elemente des Volksvermögens bilden, weil sie gleichzeitig eine Verbindlichkeit des emittierenden Schuldners darstellen. Wenn der Schuldner eine physische Person ist, so kommen — mit Rücksicht darauf, daß die Schuld einen Abzugsposten von der Vermögenssteuergrundlage bildet — die imaginären Werte unter den Vermögenselementen nicht vor; wenn aber der Schuldner eine juristische Person ist, wie bei den Gegenstand des öffentlichen Verkehrs bildenden Wertpapieren und Spareinlagen, so werden die im Volksvermögen der physischen Personen berücksichtigten imaginären Werte durch Abzug der Schuld nicht kompensiert, da die juristischen Personen von der Vermögenssteuer befreit sind[4]). Auch ist ein Nachteil dieser Methode, daß mit ihrer Hilfe ein

---

[1]) So sind auch jene Personen, welche kein 5000 Pengö, bezw. (falls sie keine Subjekte der Einkommensteuer sind) kein 25000 Pengö übersteigendes steuerpflichtiges reines Vermögen besitzen, von der Vermögenssteuer befreit (im Sinne des § 27 der die amtliche Zusammenstellung der auf die Einkommen- und Vermögenssteuer bezüglichen gesetzlichen Verfügungen betreffenden Verordnung des Finanzministers Nr. 500 P. M. v. J. 1927).

[2]) Ibidem § 23.

[3]) So sind im Deutschen Reich von 62348782 Einwohnern 2523042 vermögenssteuerpflichtig, d. i. 4,05% der Gesamtbevölkerung, denn die Vermögen unter 5000 Mark, in gewissen Fällen aber auch solche unter 20000 Mark, unterliegen der Steuer nicht. Vgl. *Die deutsche Vermögensbesteuerung vor und nach dem Kriege*. Statistik des Deutschen Reichs. Bd. 337. Berlin 1927. S. 59.

[4]) Der Standpunkt WEYERMANNS (zit. Abhandlung S. 110) ist aus dem Grunde irrig, weil er annimmt, daß die Forderungen bei der Summierung der Privatvermögen aus den Schulden stets beglichen werden.

großer Teil des Verbrauchsvermögens nicht erfaßt werden kann, da — wie z. B. auch in Ungarn — Möbel, Kleidung, Wäsche, Kunstgegenstände, Bücher und Hausgeräte von der Vermögenssteuer befreit sind[1]).

Die Anwendung der subjektiven Methode führt — obzwar sie einen interessanten Einblick in die Vermögensverteilung gewährt — infolge der eigenartigen Natur der Vermögenssteuerstatistik zu keinem annehmbaren Ergebnis.

Zur Schätzung des Volksvermögens ist daher die objektive Methode geeigneter, welche auf die ziffermäßige Feststellung des Wertes der einzelnen Wirtschaftsgüter (Grundbesitz, Bergwerke, Gebäude, Mobilien usw.) hinzielt. Während die subjektive Methode über die personale Verteilung des Gesamtvermögens Aufklärung gibt, deckt die objektive Methode die sachliche Gliederung des Volksvermögens auf und gibt über die relative Bedeutung der einzelnen Vermögenselemente Aufschluß. Der entscheidende Vorteil der objektiven Methode besteht darin, daß mit ihrer Hilfe der ziffermäßige Ausdruck des gesamten Volksvermögens und ein zum überwiegenden Teil verläßlicheres Ergebnis erzielt werden kann.

Die dritte Methode ist mit dem Namen Alfred de Foville verbunden. Das Wesen der de FOVILLEschen Methode besteht in folgendem[2]). Eine gewisse Quote des Volksvermögens geht von Jahr zu Jahr von Todes wegen durch Vererbung in neuen Besitz über. Nach Ablauf einer gewissen Zeit gelangt also die Gesamtheit der Privatvermögen im Vererbungswege in andere Hände, und zwar nach Verlauf der Zeit, in der alle diejenigen versterben, in deren Händen sich die Gesamtheit der Privatvermögen befindet; m. a. W.: das gesamte gesellschaftliche Vermögen wird nach Ablauf von so viel Jahren zum Gegenstand der Vererbung, so viel Jahre — im Durchschnitt — von jenem Zeitpunkt, in welchem ein jeder sein eigenes Vermögen geerbt hat, bis zu jenem Zeitpunkt, in dem er, wenn die Reihe an ihn kommt, dasselbe seinem Nachfolger hinterlassen wird, verstrichen sind. Die Zahl dieser Jahre wird durch „die wahrscheinliche mittlere Lebensdauer" der Erben ausgedrückt. Wenn also der Wert der jährlich im Vererbungswege ihren Eigentümer wechselnden Vermögen, die Erbschaftsannuität, bekannt ist, so ergibt deren Multiplizierung mit der Jahreszahl, welche die wahrscheinliche mittlere Lebensdauer ausdrückt, den Wert sämtlicher Privatvermögen, die mit dem Aussterben einer Generation von Todes wegen in neuen Besitz kommen. In einem Lande, wo die Bevölkerung z. B. durchschnittlich 29 Jahre alt ist, hat sie im Durchschnitt noch auf ein Leben von 35 Jahren Aussicht; denn die wahrscheinliche mittlere Lebensdauer eines 29jährigen Menschen beträgt

[1]) § 28 der zit. Verordnung des Finanzministers Nr. 500/1927.

[2]) ALFRED DE FOVILLE: *La fortune de la France*, SA. des „Journal de la Société de Statistique de Paris", Nov. 1883, S. 7.

35 Jahre. Wo also die wahrscheinliche mittlere Lebensdauer (der Überlebungskoeffizient, survie moyenne) z. B. 35 Jahre beträgt, d. h. die Vermögen im Durchschnitt 35 Jahre lang in einer Hand verbleiben, dort ist die Erbschaftsannuität $^1/_{35}$, mit anderen Worten: durchschnittlich $^1/_{35}$ Teil der Gesamtheit der übertragbaren Privatvermögen verwandelt sich jährlich zu Hinterlassenschaften. In diesem Zusammenhang sind auch die Schenkungen von Todes wegen mit den Hinterlassenschaften gleichartig zu behandeln, da ja die donatio mortis causa eigentlich eine antizipierte Hinterlassenschaft, vorgestreckte Erbschaft darstellt.

Wenn wir die Jahressumme der Hinterlassenschaften und Schenkungen von Todes wegen mit dem Überlebungskoeffizienten, im angeführten Beispiel also mit 35, multiplizieren, so erscheint als Ergebnis nur die Gesamtheit der Privatvermögen, das gesellschaftliche Vermögen[1]), nicht aber das Volksvermögen. Dasjenige Vermögen nämlich, welches nicht Gegenstand der Vererbung bildet, also der Erbschaftssteuer, bezw. -gebühr nicht unterliegt, wie das Vermögen der juristischen Personen (Gesellschaften, Gemeinden, Munizipien, Kirchen, des Staates usw.), also das sogenannte Vermögen mit beschränktem Verkehr, ist auch in der Erbschaftsannuität nicht enthalten. Aus diesem Grunde ist zu dem ersteren das gebundene Vermögen der juristischen Personen hinzuzurechnen. In jenen Staaten (wie z. B. auch in Ungarn), wo diese gebundenen Vermögen statt einer Erbschaftsgebühr als deren Ersatz einen Gebührenäquivalenten entrichten, bedeutet dies keine besonderen Schwierigkeiten, denn der Wert des Vermögens der juristischen Personen wird behufs Bemessung des Gebührenäquivalenten von Amts wegen ermittelt. — Schließlich ist zu dem gesellschaftlichen Vermögen noch das Staatsvermögen hinzuzurechnen, das weder einer Erbschaftsgebühr, noch einem Gebührenäquivalenten unterliegt.

Die de FOVILLEsche Methode kann dort angewendet werden, wo die Erbschaften und die Schenkungen von Todes wegen ohne Ausnahme einer Gebührenbemessung oder Besteuerung unterliegen, denn nur dort können statistische Daten über die Höhe der jährlichen Hinterlassenschaften, über den Wert des jährlichen Erbanfalls (delatio hereditatis) gewonnen werden[2]).

---

[1]) So wird das Ergebnis der DE FOVILLEschen Methode durch C. A. VERRIJN STUART genannt in der Arbeit *Über die Methode der Berechnung des gesellschaftlichen Vermögens aus der Erbschaftsstatistik* (Allgem. Statist. Arch. III. Bd., S. 481).

[2]) Über die Ergebnisse der in den einzelnen Ländern nach den verschiedenen Methoden durchgeführten Schätzungen s. F. FELLNER: *L'évaluation de la richesse nationale* (Bull. de l'Instit. Internat. de Statist. T. XIII, 2, S. 96. Bpest 1902); F. FELLNER: *Das Volksvermögen Österreichs und Ungarns* (ibid. T. XX, 2, S. 503. Wien 1915); G. SCHNAPPER-ARNDT: *Sozialstatistik*. Leipz. 1908. (S. 257 u. ff.);

In Ungarn stehen systematisch gesammelte Daten über die Grundlagen der Erbschafts- und Schenkungsgebühren nicht zur Verfügung. Der gewesene ungar. Finanzminister Johann von Teleszky ordnete die Anfertigung eines Ausweises über jene mobilen und immobilen Werte an, nach welchen in Ungarn in den Jahren 1906—1908 eine Erbschafts- bzw. Schenkungsgebühr zu entrichten war. Hinsichtlich des heutigen Ungarn ließ Finanzminister Alexander Wekerle die Erfassung der Grundlagen der Erbschafts- und Schenkungsgebühren durchführen[1]). Diese Daten sind in der vorliegenden Arbeit zum erstenmal verwertet.

Auf Grund der vorangegangenen Erwägungen werden wir die Schätzung des Volksvermögens des heutigen Ungarn im folgenden mit Hilfe der objektiven Methode versuchen, d. h. den Gesamtwert der wirtschaftlichen Güter nach Hauptkategorien gruppiert ermitteln und dann zwecks Überprüfung der Verläßlichkeit des Ergebnisses, auch unter Verwendung der Erbschaftsdaten, die Ermittlung des Wertes der Vermögenselemente vornehmen.

HEINR. PESCH: *Lehrbuch der Nationalökonomie* II. Bd., T. I. Freiburg i. B. 1909. (S. 372 u. ff.); C. MÜHLEMANN: *Untersuchungen über die Entwicklung der wirtschaftlichen Kultur und die Güterverteilung im Kanton Bern.* 1905. (S. 218 u. ff.); C. GINI: *L'amontare e la composizione della richezza della nazioni.* Torino 1914. (S. 593 u. ff.); F. SCHINDLER: *Das Volksvermögen Vorarlbergs.* Ferrara 1923. (S. 211 u. ff.); ERICH FUHRMANN: *Das Volksvermögen und Volkseinkommen des Königreichs Sachsen.* Leipz. 1914. (S. 45 u. ff.); HERMANN FELDSTEIN: *Vermögens- und Zahlungsbilanz Galiziens.* Leipz. 1917; M. R. WEYERMANN: *Die statistischen Versuche einer Erfassung des Volksvermögens* (Zeitschr. f. schweizerische Statistik. 1915. S. 54 u. ff.). W. WINKLER: Volksvermögen (Handwörterbuch d. Staatswiss. Vierte Aufl. Bd. IV. 1928).

[1]) Auf Grund der Zirkularverordnung Nr. 155555/VIIIa 1928 des Finanzministers.

II.

Das Volksvermögen des heutigen Ungarn.

Das Volksvermögen des heutigen Ungarn besteht aus folgenden Bestandteilen: 1. Grundbesitz; 2. Bergwerke; 3. Gebäude; 4. Verkehrsmittel; 5. Mobilien; 6. Forderungen gegenüber dem Auslande abzüglich Schulden.

Untersuchen wir nun den Wert dieser Vermögensbestandteile im einzelnen:

1. Der Grundbesitz.

In einem Agrarlande wie Ungarn, bildet der Grundbesitz den bedeutendsten Bestandteil des Volksvermögens. Die Kenntnis der Wertverhältnisse des Grundbesitzes ist nicht nur vom theoretischen Gesichtspunkte aus wichtig, sondern sie vermag auch der praktischen Finanzpolitik zu dienen. Nichtsdestoweniger ist der Geldwert der Bodenfläche Ungarns, nach den einzelnen Kulturgattungen gesondert, nicht ermittelt. Der Wert des Grundbesitzes muß daher, mit Benutzung der zur Verfügung stehenden verläßlichen Daten, auf verschiedene Arten ermittelt werden, um zu einem brauchbaren Ergebnis zu gelangen.

Die erste Methode besteht in der Kapitalisierung des Bodenertragswertes mit einem entsprechenden Zinsfuß. Der Katastralreinertrag der gesamten bebauten Bodenfläche des heutigen Ungarn beträgt 166376633,64 Pengö[1]). Somit beträgt der durchschnittliche Katastralreinertrag eines Katastraljochs bebauten Bodens 10,93 P.

[1]) Das gesamte landwirtschaftlich nutzbar gemachte Gebiet des heutigen Ungarn beträgt 16215104 Kat.-Joch, wovon 992653 Kat.-Joch unfruchtbar sind. Die produktive Fläche umfaßt somit 15222451 Kat.-Joch, deren Katastralreinertrag 142700878 Kronen beträgt. Eine genaue, detaillierte Aufnahme und die stellenweise Richtigstellung des Grundsteuerkatasters ist im Gange, und zwar mit dem Ergebnis, daß sich die Bodensteuergrundlage, d. h. der Katastralreinertrag des gesamten produktiven Gebietes auf 143613840 Kronen erhöhte, was (1 Kr. = 1,1585 P.) den oben ausgewiesenen 166376633,64 Pengö entspricht. (Diese Daten verdanken wir dem Leiter der VII/c-Hauptabteilung des Finanzministeriums, Herrn Ministerialrat Dr. Béla von Venczelly.)

Wie bekannt, ist der Katastralreinertrag, welcher für eine Reihe von Jahren als Richtungswert festgestellt wird und nur die Ertragsfähigkeit, nicht aber den wirklichen Reinertrag der einzelnen Parzellen ausdrückt, in der Regel bei weitem geringer als der wirkliche Reinertrag[1]. Seit der Fertigstellung des Grundsteuerkatasters haben sich die Produktionskosten infolge der Entwicklung der Verkehrsmittel und der Verbreitung der die teure menschliche Arbeitskraft stets mehr ersetzenden maschinellen Bearbeitung nicht in dem Maße erhöht als der landwirtschaftliche Rohertrag und die Produktenpreise, so daß der wirkliche Reinertrag den Katastralreinertrag immer mehr und mehr überstieg. Uns interessiert vom Gesichtspunkte der Lösung unseres Problems aus die Höhe des wirklichen Reinertrages; es ist daher das Verhältnis zwischen dem wirklichen und dem Katastralreinertrag zu ermitteln. Eine der prägnantesten Erscheinungsformen des wirklichen Reinertrages bildet der Pachtschilling des Bodens. Wenn also das Verhältnis zwischen der Pachtsumme des gesamten verpachteten Grundbesitzes und dessen Katastralreinertrag bekannt ist, so vermag dies, über das Verhältnis des wirklichen und des Katastralreinertrages zu orientieren.

Gemäß amtlichen Daten beträgt die Pachtsumme der in Ungarn im Jahre 1899 verpachteten Grundbesitze 43279118,46 fl., der Katastralreinertrag derselben aber 17922109,58 fl.[2] Nehmen wir dieses Verhältnis als Relation des wirklichen und des Katastralreinertrages an, so ist der tatsächliche Reinertrag fast das Zweieinhalbfache (2,41 : 1) des Katastralreinertrages[3]. Heute wird der Unterschied schon ein weit größerer sein.

Vor allem sei bemerkt, daß der wirkliche Reinertrag auch schon vor dem Jahre 1899 mehr als zweiundeinhalbmal größer war als der Katastralreinertrag, da die amtlichen Daten nicht die Kleinpachtungen, welche einen verhältnismäßig größeren Pachtschilling sichern, sondern die Mittel- und Großgrundbesitzpachtungen zur Grundlage haben[4]. Laut amtlichen

---

[1]) Dies wurde auch schon durch den am 15. April 1869 einberufenen Fachausschuß für Steuerreform festgestellt, indem dieser auswies, daß der Katastralreinertrag um 75,77% kleiner ist als der Pachtschilling (*Zusammenstellung der Arbeiten der in Angelegenheit der Steuerreformen durch den k. ung. Finanzminister einberufenen Fachausschüsse.* I. Teil. Grundsteuer. Ofen 1870. S. 67, Beilage 10/a). In der Veröffentlichung wird auch darauf hingewiesen, daß der wirkliche Reinertrag um das Zwei-, ja in der Regel sogar Dreifache größer ist als der als Steuerbemessungsgrundlage angesetzte Reinertrag (ebd. S. 26).

[2]) Daten zur Reform der direkten Steuern. V. Bd. Hrsg. durch das Kgl. Ung. Finanzministerium. Bpest 1901. (S. 50.)

[3]) *Grundsätze der Reform der direkten Steuern und Motivenbericht zu dem Gesetzentwurfe betreffend die Richtigstellung des Grundsteuerkatasters und die Festsetzung des Grundsteuerprozentes.* 1907. (S. 26.)

[4]) Ebd. I. Bd. Bpest 1898. (S. IV.)

Daten[1]) — welche mit den Informationen aus Fachkreisen übereinstimmen — betrug der Pachtschilling im Jahre 1927: bei Grundbesitzen unter 100 Kat.-Joch im Landesdurchschnitt pro Kat.-Joch 56 P., beim Grundbesitz von 100—1000 Kat.-Joch 40 P., bei solchem über 1000 Kat.-Joch 30 P.[2]). Während also der Pachtschilling bei Mittel- und Großgrundbesitz durchschnittlich 35 P. pro Katastraljoch ausmacht, beträgt dieser bei Klein-, Mittel- und Großgrundbesitzen durchschnittlich 42 P., was pro Katastraljoch einem Mehrbetrage von 7 P., d. i. 20%, entspricht. Das Verhältnis zwischen dem wirklichen und dem Katastralreinertrage entsprach also schon im J. 1899: 2,89 : 1 und ersterer weist seit 30 Jahren — von den Störungen in den Kriegsjahren abgesehen — eine stets steigende Tendenz auf, was auch in der Erhöhung des Pachtschillings zum Ausdruck gelangt.

Die Verschiebung des wirklichen Reinertrages vom Katastralstande im Goldwert seit 1916, in welchem Jahre die Berichtigung des Grundsteuerkatasters — auf Grund des Gesetzartikels V. v. J. 1909 — zu Ende geführt wurde, kann auf 35% veranschlagt werden[3]). Wenn wir nun die für das Jahr 1899 festgestellte Verhältniszahl um diesen Prozentsatz erhöhen, so ergibt sich das Verhältnis 1 : 3,90 zwischen dem Katastral- und dem wirklichen Reinertrag.

Die Richtigkeit dieser Annahme kann auch durch folgende Erwägungen bekräftigt werden. Laut amtlichen Daten[4]) entsprachen die Pachtschillinge in Ungarn im J. 1927 im Landesdurchschnitt pro Katastraljoch bei Kleingrundbesitzen (unter 100 Kat.-Joch) zumindest 150 kg Weizen, bei Mittelgrundbesitzen (von 100—1000 Kat.-Joch) 120 kg Weizen, bei Großgrundbesitzen (über 1000 Kat.-Joch) 90 kg. Weizen. Der durchschnittliche

---

[1]) Die Daten verdanken wir Herrn Dr. Ivan Edgar Nagy, Ministerialrat im Ackerbauministerium.

[2]) Die Pachtsumme enthält nicht bloß die Grundrente, sondern auch den Ertrag der landwirtschaftlichen Gebäude und des sonstigen Anlagekapitals (Inventars), worauf auch schon der ausgezeichnete österreichische Statistiker Herr v. Inama-Sternegg hingewiesen hat; vgl. K. Th. v. Inama-Sternegg: *Die Realitätenwerthe in Österreich im Jahre 1886 in Vergleichung mit dem Jahre 1866* (Statist. Monatsschr., 14. Jg. Wien 1888. S. 272). S. des weiteren die scharfsinnigen Erörterungen in K. Pribrams *Der Wert des landwirtschaftlichen Grundbesitzes in Ungarn und Österreich* (Statist. Monatsschr., 41. Jg. Brünn 1915. S. 425ff.).

[3]) Die Index-Zahl im Großhandel hat sich nämlich vom Jahre 1913 bis Ende des Jahres 1927 von 100 auf 135 erhöht. (Vgl. M. Stat. Sz. 1928. S. 955.) Herr Finanzminister Johann v. Bud setzt die Verschiebung des wirklichen Reinertrages in Goldwert für den Zeitraum 1916—26 mit 40% an. (Rede in der 514. Sitzung der Nationalversammlung am 26. Febr. 1926.)

[4]) Auf Grund der gefl. Mitteilungen des Herrn Ministerialrates im Ackerbauministerium Dr. Ivan Edgar v. Nagy.

Weizenpreis der Jahre 1925—1927 betrug in Ungarn 33,42 P. pro 100 kg[1]). Demnach betrug der Pachtschilling bei den Kleingrundbesitzen pro Katastraljoch 50,13 P., bei den Mittelgrundbesitzen 40,10 P., bei den Großgrundbesitzen 29,08 P. Wenn wir bei Errechnung des Pachtwertes der einzelnen Grundbesitzkategorien diese durchschnittlichen Pachtsummen in Rechnung stellen, gelangen wir zu folgendem Ergebnis:

8110223	Kat.-Joch Kleingrundbesitz	mit	50,13 P.	=	406565478,99 P.
3398647	Kat.-Joch Mittelgrundbesitz	mit	40,10 P.	=	136285744,70 P.
4639444	Kat.-Joch Großgrundbesitz	mit	29,08 P.	=	134915031,52 P.
16148314	Kat.-Joch[2])	mit	41,97 P.	=	677766255,21 P.

Der Pachtschilling eines Katastraljochs landwirtschaftlich nutzbaren Gebietes beträgt demnach im Landesdurchschnitt 41,97 P.[3]); somit verhält sich der pro Katastraljoch oben ausgewiesene Katastralreinertrag von 10,93 P. zu dem wirklichen Reinertrag pro Katastraljoch, den der Pachtschilling 41,97 anzeigt, wie 1 : 3,84, welches Ergebnis der vorangehenden Rechnung fast gleichkommt. Nach der ersten Methode beträgt der wirkliche Reinertrag eines Kat.-Jochs 42,62 P., nach der zweiten Methode 41,97 P. Der tatsächliche Reinertrag eines Kat.-Jochs ungarischen Bodens kann demnach mit dem Durchschnittswert von 42,29 P. angesetzt werden. Das Verhältnis des Katastralreinertrages pro Kat.-Joch (10,93 P.) zum tatsächlichen Reinertrag kann dementsprechend mit der Relation 1 : 3,87 ausgedrückt werden[4]).

---

[1]) Der Preis des Weizens betrug im Jahresdurchschnitt in Ungarn pro dz: im J. 1925 36,90 P., im J. 1926 31,50 P., im J. 1927 31,88 P. (Bulletin mensuel de l'Office permanent de l'Institut Internat. de Statist., Oct. 1928. S. 4.)

[2]) Das durch das Statistische Zentralamt ausgewiesene landwirtschaftlich nutzbar gemachte Gebiet im Ausmaße von 16148314 Kat.-Joch zeigt gegenüber den durch das Finanzministerium ausgewiesenen 16215104 Kat.-Joch eine Abweichung. Um demnach über das wirliche Reinerträgnis ein richtigeres Bild zu gewinnen, muß dasselbe auf Katastraljoch reduziert ausgewiesen werden.

[3]) 677766 : 16148 = 41,97.

[4]) Zu demselben Ergebnis gelangen wir durch die mittlere Proportionale der oben gewonnenen zwei Verhältniszahlen: $\frac{3{,}90 + 3{,}84}{2} = 3{,}87$. Diese Verhältniszahl entspricht auch den österreichischen Erfahrungen. Wenn der Katastral- und der tatsächliche Reinertrag der gleiche wären, so würde das 70fache der Grundsteuer dem Verkehrswerte des Grundbesitzes entsprechen. Die durch die Regierung bei den einzelnen Finanzbehörden vorgenommenen Ermittlungen haben jedoch ergeben, daß das 200- bis 300fache der Grundsteuer dem tatsächlichen Verkehrswerte nahekommt. (Regierungsvorlage betreffend Erbschafts- und Schenkungssteuern. 670. der Beilagen zu den stenogr. Protokollen des Abgeordnetenhauses. XIX. Sess. 1909. S. 128.)

Auf Grund dieser Daten kann nun die Feststellung des Ertragswertes des Grundbesitzes erfolgen. Das 3,87fache des Katastralreinertrages von 166376633,64 P. angenommen, ergibt sich ein tatsächlicher Reinertrag von 643877572,18 P. Das 22½fache dieses Betrages (4,5proz. Kapitalisierung) ergibt den Ertragswert des ungarischen Bodens: 14487245374 P.[1]). In diesem Ertragswerte ist sowohl der Wert der zu dem landwirtschaftlichen Betriebe gehörenden Gebäude wie auch des lebenden und toten Inventars (Fundus Instructus) enthalten. Laut der Vollstreckungsvorschrift die Grundsteuer betreffend[2]) ist nämlich die Feststellung des reinen Katastraleinkommens auf die Weise erfolgt, daß als Reinertrag des Bodens der Wert der bei gewöhnlicher Bewirtschaftung ständig erzielbaren Mittelernte abzüglich der normalen Bewirtschaftungskosten angenommen wurde. In dem Werte der Ernte reproduziert sich demnach auch der Ertrag der Betriebsgebäude, wie auch des landwirtschaftlichen Inventars. Der Wert der Gebäude kann mit durchschnittlich 10,88% des Gesamtwertes des Grundbesitzes angenommen werden[3]). Um den reinen Grund-

[1]) Als Kapitalisierungsschlüssel haben wir den landesüblichen Zinsfuß angenommen, welcher die jeweilige Ertragsmöglichkeit zeigt. Bei abnormalen Zinsverhältnissen würde die Anwendung eines gerade gültigen Zinsfußes zu einem unrichtigen Ergebnisse führen. Die Anwendung eines übergangsweise in Gültigkeit stehenden zu hohen Zinsfußes als Kapitalisierungskoeffizient würde hingegen zu einem zu niedrigen Kapitalswerte führen, was der ständigen volkswirtschaftlichen Lage des Landes nicht entspräche. (Eine interessante Erörterung der „Kapitalisierung" im volkswirtschaftlichen Sinne gibt Gerhard Colm: „Grundsätzliche Bemerkungen zum Begriff des Volkseinkommens und des Volksvermögens." Schriften des Vereins für Sozialpolitik. 173. Bd. München und Leipzig 1926. S. 46.)

[2]) Amtliche Zusammenstellung der auf die Grundsteuer bezüglichen gesetzlichen Verfügungen (Nr. 100/P.M. vom Jahre 1927) und die in Angelegenheit der Vollstreckung derselben herausgegebene Verordnung (Nr. 10000 vom Jahre 1927). I. Titel, I. Kapitel, § 8, 2. Absatz („Budapesti Közlöny" 29. Mai 1927. Nr. 121. S. 6).

[3]) Nach Ausweis des Ungarischen Bodenkreditinstitutes entfallen von dem als hypothekarische Sicherstellung verschriebenen, 268565165 P. betragenden gesamten Grundbesitzwerte 29223895,29 P. auf den Wert der auf dem Hypothekargrundbesitz befindlichen Gebäude, 239341270,22 P. aber auf den Bodenwert. Somit entfallen von dem Gesamtwerte 10,88% auf Gebäude. Diese Verhältniszahl kann als Landesdurchschnitt angenommen werden. (LXV. Jahresbericht des Ungarischen Bodenkreditinstitutes zu der Generalversammlung vom Geschäftsjahre 1927. Budapest 1928. S. 23.) In Preußen beträgt laut amtlicher Schätzung der Wert des steuerpflichtigen landwirtschaftlichen Grundbesitzes und der darauf befindlichen Gebäude 27405 Milliarden Mark, von welchem Betrage der Wert der landwirtschaftlichen Gebäude mit 3 Milliarden Mark angenommen werden kann, das heißt 11,31%, was daher fast unserer Landesverhältniszahl entspricht. (Entwurf eines Ergänzungssteuergesetzes Nr. 6. Haus der Abgeordneten. 17. Legislaturperiode. V. Session 1892/93. S. 51.)

wert zu erhalten, müssen demnach von den 14487 Milliarden für landwirtschaftliche Gebäude 1576312296 P., für den lebenden Fundus Instructus 1537376544 P.[1]) und für das tote Inventar 521320081 P.[2]) in Abzug gebracht werden, so daß der Ertragswert des Grundbesitzes ohne die landwirtschaftlichen Gebäude und den Fundus Instructus 10852236453 P. beträgt. Der durchschnittliche Ertragswert eines Katastraljochs beträgt somit 712,99 P.

Die Schätzung des Wertes des ungarischen Bodens kann auch nach einer anderen Methode vorgenommen werden, und zwar durch Ermittlung des Verkehrswertes des Grundbesitzes auf Grund der tatsächlichen Kaufpreise. Das Ackerbauministerium sammelt Daten darüber, wie sich der Kaufpreis des in den verschiedenen Gegenden des Landes zum Verkaufe gelangten Grund und Bodens innerhalb der einzelnen Grundbesitzkategorien gestaltet. Bekanntlich ist der Verkehrspreis der Kleingrundbesitze verhältnismäßig immer höher als derjenige der größeren Grundbesitze, nachdem der Grundbesitzerwerb bei dem Kleingrundbesitzer die ständige und unabhängige Verwertung seiner eigenen Arbeitskraft und derjenigen seiner Familie sichert, welcher seinen Boden mit unentgeltlichen Arbeitskräften bearbeitet; wogegen der Großgrundbesitzer mit gedungenen Arbeitern, also mit teuerem Tagelohn produziert. Eine richtige Bodenpreisstatistik muß demnach den Verkehrswert der Klein-, Mittel- und Großgrundbesitze besonders ausweisen, und zwar nach Landesteilen gesondert, wie dies auch aus der Bodenpreisstatistik des Ackerbauministeriums ersichtlich ist. Auf Grund dieser amtlichen Daten[3]) errechnet, beträgt der Verkehrswert eines Katastraljochs bei Kleingrundbesitzen unter 100 Kat.-Joch durchschnittlich 955 P., bei Mittelgrundbesitzen von 100 bis 1000 Kat.-Joch 795 P., bei 1000 Kat.-Joch übersteigenden Großgrundbesitzen 665 P. Demnach beträgt der Verkehrswert der

8110223 Kat.-Joch umfassenden Kleingrundbesitze	7745262965 P.
3398647 Kat.-Joch umfassenden Mittelgrundbesitze	2697924365 P.
4639444 Kat.-Joch umfassenden Großgrundbesitze	3085230260 P.
16148314 Kat.-Joch	13528417590 P.

---

[1]) S. die der Arbeit beigefügte Tabelle 3.

[2]) S. Seite 41 der gegenwärtigen Arbeit.

[3]) Die Daten verdanken wir Herrn Ministerialrat Ivan Edgar Nagy. Der Bodenpreis pro Katastraljoch war im Jahre 1927:

	Bis 100 Kat.-Joch	Von 100—1000 Kat.-Joch	Über 1000 Kat.-Joch
I. Auf transdanubischem Hügelland	760—1190 P.	630—930 P.	570—750 P.
II. Auf nördlichem Hügelland	680—1060 P.	610—800 P.	530—670 P.
III. Im ungarischen Tieflande	650—1300 P.	590—1100 P.	520—890 P.
Im Landesdurchschnitte	700—1210 P.	610—980 P.	540—790 P.

Der qualifizierte Durchschnittspreis eines Katastraljochs beträgt demnach 837,77 P. Bei Annahme dieses Durchschnittspreises[1]) auf die 15222451 Kat.-Joch bebauten Boden erhalten wir als Verkehrspreis des ungarischen Bodens 12752912774 P., welches Ergebnis den mit der vorigen Methode gewonnenen Ertragswert um einiges übersteigt.

Zur Schätzung des Verkehrswertes des ungarischen Bodens kann noch eine Methode angewandt werden. Der Verkehrswert entsteht — wie aus dem Vorhergehenden ersichtlich — auf dem Markte, also in Form von Rechtsgeschäften unter Lebenden. Wir begegnen aber auch bei Rechtsgeschäften von Todes wegen (Erbfolge und Schenkung von Todes wegen) dem Verkehrswerte des Grundbesitzes, dessen Ermittlung aber schon nicht so einfach ist.

Wir besitzen amtliche Daten über den jährlichen Wert jener Immobilien, die von Todes wegen ihren Besitzer ändern. Die von Todes wegen von Jahr zu Jahr eintretende Besitzveränderung der Liegenschaften sind periodisch erscheinende Quoten der gesamten Immobilienwerte des ganzen Landes. In welchen Perioden gehen nun sämtliche Immobilien im Verbungswege auf neue Eigentümer über? Nach Verlauf so vieler Jahre, bis alle verstorben sind, in deren Händen sich der Grundbesitz befindet. Mit anderen Worten: die gesamten Liegenschaften des Landes werden nach so vielen Jahren zum Gegenstand einer Vererbung, als von dem Moment, zu welchem jeder seinen eigenen Besitz geerbt hatte, bis zu jenem Moment, bis er diesen Besitz seinem Nachfolger hinterläßt, durchschnittlich Jahre verfließen. Die Zahl dieser Jahre wird durch die wahrscheinliche mittlere Lebensdauer ausgedrückt. Mit dem Aussterben einer Generation ändern sich durchschnittlich die Eigentümer aller Liegenschaften. Wenn also der Wert der jährlich durch Vererbung eingetretenen Besitzveränderungen, das heißt die Erbschaftsannuität der Liegenschaften, bekannt ist, so ergibt deren Multiplizierung mit der wahrscheinlichen mittleren Lebensdauer den Wert sämtlicher Liegenschaften, welche mit dem Aussterben einer Generation ihren Eigentümer von Todes wegen wechselten. Der Wert des Immobiliennachlasses ist noch mit dem Werte der durch Schenkungen von Todes wegen in neuen Besitz übergehenden Liegenschaften zu ergänzen, da eine solche „donatio mortis causa" eigentlich als ein antizipierter Nachlaß zu betrachten ist.

Der Gesamtwert der im heutigen Ungarn im Jahre 1927 von Todes wegen in neuen Besitz übergegangenen und einer Schenkungsgebühr

[1]) $\frac{13528417590}{16148314} = 837{,}77$ P. qualifizierter Durchschnittspreis.

unterzogenen Liegenschaften betrug[1]) 314443323 P. (hiervon entfielen 237440994 P. auf Vererbung und 77002329 P. auf Schenkung).

Die wahrscheinliche mittlere Lebensdauer beträgt in dem heutigen Ungarn 33,1725 Jahre[2]). Wenn also diese Ziffer als Multiplikationskoeffizient mit den 314,443 Millionen Pengö verbunden wird, welche die jährliche Erbschaftsannuität bilden, so ergibt sich der Wert der mit dem Aussterben einer Generation von Todes wegen in anderen Besitz übergegangenen gesamten Immobilien, was einem Betrage von 10430860417,50 P. entspricht. Dieses Ergebnis ist bei den oben erhaltenen 12,752 Milliarden sehr überraschend, hauptsächlich wenn man in Betracht zieht, daß diese 10,430 Milliarden auch den Wert der Gebäude und Privatbergwerke repräsentieren. Zwei Umstände erklären jedoch dieses Ergebnis. In diesem Werte von 10,430 Milliarden Pengö sind nämlich — und dies soll vor allem hervorgehoben werden — nicht sämtliche Liegenschaften des Landes enthalten, denn es fehlen davon die im Besitze von juristischen Personen befindlichen Immobilien, welche nicht Gegenstand einer Vererbung bilden, daher auch keiner Erbschaftssteuer unterliegen, sondern statt dieser einen Gebührenäquivalent zahlen; folglich kommen dieselben in dem auf die Vererbungs- und Schenkungsgebührengrundlagen bezüglichen Ausweise

---

[1]) Der Staatssekretär im Finanzministerium, Herr Dr. EMERICH v. VARGHA, hatte die Freundlichkeit, uns die im Sinne der Finanzministerialverordnung Nr. 155555/1928, VIII/a ausgewiesenen, auf die Vererbungs- und Schenkungsgebührengrundlagen bezüglichen Daten zur Verfügung zu stellen.

[2]) Die mathematische Ermittlung der wahrscheinlichen mittleren Lebensdauer verdanke ich Herrn Dr. JULIUS ALTENBURGER, nach dessen auf Grund der Volkszählung vom Jahre 1920 durchgeführten Sterblichkeitsuntersuchungen die durchschnittliche mittlere Lebensdauer für das heutige Ungarn bei Männern 32,74512 Jahre, bei Frauen 33,22096 Jahre beträgt. Es ist wahrscheinlich, daß ein Mann im Alter von 32,745 Jahren noch weitere 32,22 Jahre, ein Weib im Alter von 33,220 Jahren noch 33,125 Jahre leben wird. Die wahrscheinliche mittlere Lebensdauer beträgt somit 33,1725 Jahre (s. detailliert beiliegende Tabelle Nr. 1). In den Ländern der ungarischen heiligen Krone war die durchschnittliche mittlere Lebensdauer, ebenfalls nach den Berechnungen Altenburgers, 35,31215 Jahre (FRIEDRICH FELLNER: „Das Volksvermögen Österreichs und Ungarns." Bpest 1913. S. 14). Es wäre jedoch verfehlt, von diesen Daten darauf zu schließen, daß die Sterblichkeit der Bevölkerung des heutigen Ungarn im Verhältnis zu der Bevölkerung der Länder der ungarischen heiligen Krone sich wesentlich verschlechtert hätte. Im Gegenteil hat sich die mittlere Lebensdauer in den einzelnen Altersstufen wesentlich erhöht. Daß die durchschnittliche mittlere Lebensdauer sich trotz der erhöhten mittleren Lebensdauern verringerte, findet seine Erklärung darin, daß die Verteilung der Bevölkerung nach Altersstufen von der Altersgliederung der Friedenszeit wesentlich abweicht. Die traurige Ursache dieser Erscheinung ist einerseits den unterbliebenen Geburten, andererseits dem Umstande zuzuschreiben, daß der Krieg gerade die in den besten Jahren stehende Generation zum Opfer forderte.

nicht vor. Zu dem Werte der im Besitze von physischen Personen befindlichen und Gegenstand einer Vererbung bildenden Immobilien ist noch der Besitz der toten Hand (Kirchengüter), der öffentlich-rechtlichen Körperschaften (Komitate, Städte, Gemeinden), Vereine, Anstalten, Gesellschaften, Aktiengesellschaften, Genossenschaften, kurz der Wert aller jener Liegenschaften hinzuzuzählen, welche nicht Gegenstand einer Vererbung bilden, sondern als Immobilien mit gebundenem Verkehr einem Gebührenäquivalent unterliegen (§ 118 des Gesetzartikels XXXVI vom Jahre 1920; Finanzministerialverordnung Nr. 5004/1924, P. M.). Zu den obigen 10,430 Milliarden Pengö ist aber auch der Wert der im Staatseigentum befindlichen Liegenschaften hinzuzurechnen, da diese weder einer Erbschaftsgebühr noch einem Gebührenäquivalent unterliegen.

Der Wert der im heutigen Ungarn im Jahre 1927 einem Gebührenäquivalent unterzogenen Liegenschaften belief sich, nach amtlichen Daten[1]), auf 540 Millionen P.

Die einer Erbschaftsgebühr und einem Gebührenäquivalent unterliegenden sämtlichen Immobilien haben demnach einen Wert von 10970860417 Pengö. Dieser Wert bleibt jedoch wesentlich hinter dem wirklichen Werte zurück, da sowohl bei der Bemessung der Erbschaftsgebühr wie auch des Gebührenäquivalentes — im Sinne der in Geltung stehenden finanziellen Verfügungen — ein wesentlich niedrigerer Wert als der gewöhnliche Verkehrswert zur Grundlage genommen wird. So ist als Grundlage des Gebührenäquivalentes[2]), als Wert der Liegenschaften der gesetzmäßig zulässige kleinste Wert anzunehmen, was bei den einer Grundsteuer unterliegenden Immobilien der 25fache Betrag des Katastralreinertrages ist[3]). Als Grundlage der Erbschaftsgebühr aber soll, der gesetzlichen Verfügung gemäß, der gewöhnliche Verkehrswert der Liegenschaften angenommen werden[4]), doch gelangt dies in der Praxis nur ausnahmsweise zur Anwendung, das bei vererbten Liegenschaften, als Familienbesitzen, ein feststellbarer Kaufpreis infolge einer Übertragung

[1]) Diese Angaben verdanken wir dem Herrn Staatssekretär im Finanzministerium Dr. Emerich v. Vargha.

[2]) Im Sinne des § 2 des Finanzministerialerlasses Nr. 5004 vom Jahre 1924 über die Neubemessung des Gebührenäquivalentes für die Jahre 1924—1930 (Verordnung Nr. 27, erlassen auf Grund des Gesetzartikels IV vom Jahre 1924 über die Herstellung des Gleichgewichtes des Staatshaushaltes).

[3]) Im Sinne des § 3 des Finanzministerialerlasses Nr. 5003 vom Jahre 1924, betreffend die Bewertung der Liegenschaften und der wiederkehrenden Leistungen aus dem Gesichtspunkte der Gebühren (Verordnung Nr. 26, erlassen auf Grund des Gesetzartikels IV vom Jahre 1924 über die Herstellung des Gleichgewichtes des Staatshaushaltes).

[4]) Ibidem § 2.

innerhalb von 5 Jahren kaum vorkommt. In diesem Falle dient der bei der Bemessung der Vermögenssteuer angenommene Wert bei der Veranlagung der Erbschaftsgebühr als Berechnungsgrundlage[1]). Dieser Wert bleibt wesentlich hinter dem wirklichen Verkehrswerte zurück, da im Sinne der gesetzlichen Verfügungen[2]) der Verkehrswert der landwirtschaftlichen Liegenschaften pro Katastraljoch im allgemeinen auf Grund des Katastralreinertrages festzustellen ist. Die Feststellung erfolgt in der Weise, daß bei der Feststellung der Vermögenssteuergrundlage nach jeder Krone des Katastralreinertrages 60 Pengö (pro Joch aber wenigstens 240 P.) Vermögenswert zu kalkulieren sind. Dies bedeutet, daß, nachdem[3]) der durchschnittliche Katastralreinertrag eines Katastraljochs 10,93 P. beträgt, bei der Vermögenssteuer, somit auch bei der Bemessung der Erbschaftsgebühr, der Verkehrswert eines Katastraljochs durchschnittlich mit 566 Pengö 07 Hellern berechnet wird[4]). Dieses Ergebnis ist um 47,91% niedriger als der pro Katastraljoch — weiter oben — ausgewiesene tatsächliche Verkehrswert in Höhe von 837,77. Dies ist der zweite Umstand, auf welchen das niedrige Ergebnis des auf Grund der Erbschaftsgebühr gewonnenen Immobilienwertes zurückzuführen ist.

Wie erwähnt, sind in dem insgesamt 10970860417 P. betragenden Werte der einer Erbschaftsgebühr und einem Gebührenäquivalent unterzogenen Liegenschaften nicht nur der landwirtschaftlich benutzte Boden, sondern auch die Gebäude enthalten. Obzwar diese beiden Immobiliengruppen in den amtlichen Daten gesondert nicht ausgewiesen sind, können die landwirtschaftlichen Grundbesitze dennoch mit annähernder Genauigkeit herausgehoben werden. Von dem Gesamtwerte der Liegenschaften, welche im Jahre 1928 als Grundlage dienten, entfielen — laut amtlichen Daten — 59,36% auf land- und forstwirtschaftliche Liegenschaften und 40,64% auf den Hausbesitz. Wenn wir dieses Verhältnis anwenden, kann festgestellt werden, daß von den 10,970 Milliarden P. auf den landwirtschaftlichen Besitz 6512302743 P. entfallen. Dieser Wert bleibt — wie ausgewiesen — weit hinter dem wirklichen Verkehrswerte zurück.

Behufs Ermittlung des tatsächlichen Wertes muß der als Grundlage der Erbschaftsgebühr und des Gebührenäquivalentes angenommene Verkehrswert in dem Verhältnis erhöht werden, in welchem der wirkliche Verkehrswert diesen Wert übersteigt.

---

[1]) Absatz 1—3 des § 25 des G.-A. XXXIV v. J. 1920, betreffend die Vermögensübertragungsgebühren; auch § 27.

[2]) Absatz 3 des § 3 der in Angelegenheit der Bemessung der Einkommen- und Vermögenssteuer vom Jahre 1928 ausgegebenen Finanzministerialverordnung Nr. 13500/1928.

[3]) s. S. 7 dieser Schrift.

[4]) Da 1 Krone = 1,1585 Pengö, demnach 1,1585 : 60 = 10,93 : X. Somit ist X = 566,07 P.

Der Wert des 59,36% repräsentierenden landwirtschaftlichen Besitzes der als Grundlage des Gebührenäquivalentes angenommenen Liegenschaften in Höhe von 540 Millionen Pengö beträgt 320,544 Millionen Pengö, welcher Wert amtlich mit dem 25 fachen des Katastralreinertrages berechnet wurde; demnach mit 273,25 Pengö pro Katastraljoch (10,93 × 25); wogegen der wirkliche Verkehrswert, wie weiter oben festgestellt, 837,77 P. beträgt, somit um 206,59% höher ist als der gesetzmäßig kleinste Wert. Der tatsächliche Verkehrswert der einem Gebührenäquivalent unterworfenen landwirtschaftlichen Besitze beträgt demnach 982755850 P.

Der Verkehrswert der einer Erbschaftsgebühr und einem Gebührenäquivalent unterzogenen landwirtschaftlichen Besitze in Höhe von 6512302743 P., nach Abzug des einem Gebührenäquivalent unterliegenden Teiles der verbleibenden Liegenschaften in Höhe von 6191758743 P., wurde amtlich um 47% unter dem tatsächlichen Verkehrswerte berechnet. Demzufolge beträgt der wirkliche Verkehrswert der einer Erbschaftsgebühr unterzogenen landwirtschaftlichen Besitze 9101885352 P.

Der Verkehrswert der einer Erbschaftsgebühr und einem Gebührenäquivalent unterliegenden landwirtschaftlichen Besitze beträgt — ohne Berücksichtigung der im Besitze des Staates befindlichen landwirtschaftlichen Besitztümer, bezüglich welcher uns Angaben nicht zur Verfügung stehen — 10084641202 P. Dieses mit Hilfe von Daten ganz anderer Natur ermittelte Ergebnis ist zur Kontrolle und Bestätigung des auf Grund der Verkaufspreise gewonnenen, 12,752 Milliarden betragenden Verkehrswertes berufen, da der nach zweierlei Methoden berechnete Verkehrswert, unter Hinzurechnung des Wertes der weder einer Erbschaftsgebühr noch einem Gebührenäquivalent unterliegenden staatlichen Besitze, hinsichtlich welcher wir keinerlei Daten besitzen, sich beinahe deckt.

Schließlich wollen wir die Ermittlung des Schätzungswertes des Grundbesitzes mit Hilfe noch einer Methode versuchen, mittels welcher wir zu dem Kreditwerte des ungarischen Bodens gelangen. Diese Methode besteht darin, daß wir den pro Joch festgestellten durchschnittlichen Schätzungswert der zur Deckung der Hypothekardarlehen verschriebenen Grundbesitzkomplexe auf sämtliche landwirtschaftlich nutzbaren Gebiete generalisieren. Leider weisen nicht sämtliche Kreditinstitute das Ausmaß und den Schätzungswert der als Hypothek dienenden Bodenflächen aus. Deshalb konnten wir uns nur auf das statistische Material der Pfandbriefemissionsinstitute beschränken, welcher Umstand das Endergebnis wesentlich nicht beeinflussen kann, da ja diese größeren Institute den weit überwiegenden Teil der Hypothekardarlehen gewähren[1]).

---

[1]) Die statistischen Daten verdanken wir folgenden Pfandbriefemissionsinstituten: Ungarisches Bodenkreditinstitut, Pester Erster Vaterländischer Sparkassaverein, Ungarische Allgemeine Kreditbank, Pester Ungarische Kommerzial-

Das Gebiet der zugunsten dieser Kreditinstitute verschriebenen Grundbesitze umfaßte am 31. Dezember 1927 1057086 Katastraljoch im Werte von 661843052 P.[1]) Der durchschnittliche Wert der zugunsten der Kreditinstitute als Hypothek verschriebenen Grundbesitze beträgt somit pro Katastraljoch (1600 Quadratklafter) 626 Pengö 10 Heller. Generalisieren wir diesen Wert auf die gesamte landwirtschaftlich nutzbar gemachte Fläche des Landes, so ergibt die Multiplikation dieses Wertes von 626,10 Pengö mit der Zahl der Joche der landwirtschaftlichen Nutzfläche den Wert des ungarischen Bodens. Demnach repräsentiert das 16215104 Kat.-Joch[2]) umfassende landwirtschaftliche Gebiet Ungarns einen Wert von 10152276614 P.

Der Kreditwert ist niedriger als der Ertragswert und Verkehrswert, da der Wert des Grundbesitzes in dem Ertragswerte nicht gänzlich zum Ausdruck kommt. Die Kreditinstitute, welche Hypothekardarlehen gewähren, stellen nämlich, um in dem als Deckung dienenden Grundbesitze selbst bei den ungünstigsten Verhältnissen volle und reichliche Sicherstellung zu finden, den Schätzungswert in der Regel so minimal fest, daß derselbe nicht nur hinter dem Verkehrswerte, sondern selbst hinter dem Ertragswerte zurückbleibt.

Der Wert des ungarischen Bodens beträgt nach den verschiedenen Methoden:

Ertragswert	10852236453	Pengö.
Verkehrswert	12752912774	„
Kreditwert	10152276614	„
Durchschnittswert	11252473280	Pengö.

Der 11252473280 P. betragende Durchschnitt dieser drei Werte ist im Endergebnis als Gesamtwert des ungarischen Bodens in die Bilanz des Volksvermögens einzustellen. Der Durchschnittswert eines Katastral-

bank, Ungarisch-Italienische Bank A.-G., Ungarische Escompte- und Wechselbank, Ungarische Allgemeine Sparkassa A.-G., Landesverband Ungarischer Bodenkreditinstitute, Ungarische Landeszentralsparkasse, Innerstädtische Sparkasse A.-G., Britisch-Ungarische Bank A.-G.

[1]) Die Daten hat die wirtschaftsstatistische Abteilung der Geldinstitutszentrale fachgemäß zusammengestellt.

[2]) Wir haben als Grundlage unserer Berechnung statt des 15,222 Millionen Kat.-Joch umfassenden reinen bebauten Bodens aus dem Grunde das ganze landwirtschaftliche Gebiet im Ausmaße von 16,215 Millionen Kat.-Joch angenommen, weil die als Hypothek verschriebenen Grundbesitze sowohl das fruchtbare als auch das unfruchtbare Gebiet umfassen, was in dem Durchschnittswerte der einzelnen Katastraljoche zum Ausdruck gelangt. Der Durchschnittswert der reinen bebauten Bodenflächen wäre pro Katastraljoch selbstredend höher als der oben ausgewiesene Durchschnittswert.

jochs beträgt 739,20 P. In den Ländern der ungarischen heiligen Krone betrug der Durchschnittswert eines Katastraljochs 487,84 P.[1]) (421,10 Kr.). Der Grund dieser wesentlich höheren Bewertung liegt in erster Linie in der bei den einzelnen Kulturgattungen eingetretenen günstigen Verschiebung zugunsten des einen größeren Wert repräsentierenden Ackerbodens und der Weingärten und zu Lasten der Waldungen, welche einen geringeren Wert repräsentieren. Während in den Ländern der ungarischen heiligen Krone nur 43,9% der landwirtschaftlich nutzbaren Fläche Ackerboden war, beträgt die Verhältniszahl des Ackerbodens im heutigen Ungarn 60,1%, also um fast ein Drittel mehr. Ebenso hat die verhältnismäßige Bedeutung der Weingärten in den Kulturgattungen des Landgebietes um über 100% zugenommen, indem dieselbe sich von 1,1% auf 2,3% erhöhte. Demgegenüber umfaßt das weniger Ertrag liefernde, also minderwertige Waldgebiet, welches 27% des landwirtschaftlich benutzten Gebietes der Länder der ungarischen heiligen Krone betrug, im heutigen Ungarn nur 11,8%[2]).

Aber diese Zunahme pro Katastraljoch um 51,52% im Landesdurchschnitt bedeutet keine entsprechende Erhöhung des Wertes des Grundbesitzes und damit auch keine Bereicherung des Landes, sie zeigt nur vielmehr, daß die Gliederung der Kulturgattungen im heutigen Ungarn günstiger ist. Auf dem kleineren Gebiete kommen die verhältnismäßig wertvolleren Ackerböden und Weingärten in prozentual größerem Verhältnis vor und in relativ kleinerem prozentualen Verhältnis die einen geringeren Wert repräsentierenden Waldungen. Der durchschnittliche Wert eines Katastraljochs des heutigen Restgebietes ist größer als derjenige eines Katastraljochs des gesamten Gebietes des geschichtlichen Ungarn.

Daß bei der sich pro Katastraljoch ergebenden Wertvermehrung von einer Vermögenszunahme keine Rede sein kann, erhellt auch daraus, daß in jenem Teile der Länder der ungarischen heiligen Krone, welcher dem heutigen Ungarn entspricht, der damalige Wert pro Katastraljoch 660,80 P. betrug[3]), also bei weitem größer war als der Wert eines Katastraljochs des

---

[1]) Wir haben zwar den Durchschnittswert eines Katastraljochs auf 350,92 Kronen geschätzt, da wir aber ausgewiesen haben (s. S. 9 der vorliegenden Schrift), daß schon im Jahre 1899 der wirkliche Reinertrag sich zu dem Katastralreinertrage nicht — wie berechnet — so verhält wie 2,40 : 1, sondern wie 2,89 : 1, demzufolge mußte, im Interesse der Identität der Methode und um einen Vergleich stellen zu können, der oben ausgewiesene Wert um 20% auf 421,10 Kronen erhöht werden. (Friedrich Fellner: „Das Volksvermögen Österreichs und Ungarns." Wien 1913. S. 8.)

[2]) Ung. Stat. Jahrbuch 1916—1918. Budapest 1924. (S. 38.) Dasselbe 1926. Budapest 1928. (S. 65.)

[3]) Auf jenem Gebiete der Länder der ungarischen heiligen Krone, welches dem heutigen Ungarn entspricht, betrug der Wert des Grundbesitzes vor dem

Gesamtgebietes des geschichtlichen Ungarn, welcher — wie erörtert — 487,84 P. betrug.

Hingegen deutet der Umstand, daß der durchschnittliche Wert eines Katastraljochs heute 739,20 P. beträgt, also um 11,86% mehr, als er in dem Gebietsteile, welches dem heutigen Ungarn entspricht, in den letzten Friedensjahren war, also diese geringfügige Werterhöhung auf eine Steigerung des Ertragswertes des Bodens infolge der besseren Bewirtschaftung, aber hauptsächlich, weil die Erntepreise sich günstiger gestalteten. So betrug die Durchschnittsernte des Weizens pro Katastraljoch im Jahre 1913 760 kg, in 1925—1926 durchschnittlich 785 kg; die des Maises im Jahre 1913 1 080 kg, in 1925—1926 durchschnittlich 1 125 kg. Der Durchschnittspreis des Weizens entsprach im Jahre 1913 pro mtz 25,46 P., im Jahre 1927 hingegen 31,88 P.; der Durchschnittspreis des Maises aber hat sich von 17,50 P. auf 22,40 P. erhöht[1]). Der unbedeutende Mehrertrag gelangte in der geringfügigen Erhöhung des Ertragswertes des Grundbesitzes zum Ausdruck. Wenn wir in Erwägung ziehen, daß die Kaufkraft des Geldes seit dem Jahre 1923 sich in Ungarn um 35% verringerte[2]), so hätte sich der damalige, pro Katastraljoch 660,80 P. entsprechende Ertragswert heute auf durchschnittlich 892 P. erhöhen müssen, wogegen der Durchschnitt bloß 739,20 P. beträgt, so daß die Werterhöhung hinter dem normalen Maße zurückblieb.

Die Steigerung des Ertragswertes des Grundbesitzes hängt aber notwendigerweise nicht mit der Erhöhung des Verkehrswertes des Bodens zusammen. So kann festgestellt werden, daß sich, gegenüber den Ländern der ungarischen heiligen Krone, im heutigen Ungarn sowohl der Verkehrswert als auch der Kreditwert des Grundbesitzes verringerte.

Der Preis des Bodens ist seit dem Jahre 1913 gesunken. Während im Jahre 1913 — laut amtlichen Daten[3]) — der Durchschnittspreis eines

Kriege 7,235 Milliarden Kr., demnach entfielen auf ein Katastraljoch eigentlich 475,33 Kr., doch muß dieser Betrag um 20% auf 570,39 Kr., (660,80 P.) erhöht werden, da der wirkliche Reinertrag sich zu dem Katastralreinertrage schon im Jahre 1899 so verhielt wie 2,89 : 1 und nicht — wie damals berechnet — 2,40 : 1. (S. F. v. Fellner: „Die Verteilung des Volksvermögens und Volkseinkommens der Länder der ungarischen heiligen Krone zwischen dem heutigen Ungarn und den Sukzessionsstaaten.“ Metron. Ferrara 1923. S. 252.)

[1]) Ung. Stat. Jahrbuch 1926. Budapest 1928. (S. 116.) Weiter: Ung. Stat. Rundschau 1927. (S. 949.)

[2]) Die Großhandelspreise, im Jahre 1913 mit 100 angenommen, betrugen Ende des Jahres 1917 135. (Ung. Stat. Rundschau 1928. S. 1267.)

[3]) Bodenpreise und Bodenpachtschillinge in Ungarn Ende des Jahres 1913. Hsg. vom k. ung. Ackerbauminister. Budapest 1914. (S. 33 u. 34). Der Durchschnittspreis eines Katastraljochs des Kleingrundbesitzes betrug 1007,95 Kr. (1167 P.), des Mittelgrundbesitzes 812,20 Kr. (940,93 P.), des Großgrundbesitzes 671,09 Kr. (777,45 P.), d. h. im Landesdurchschnitt 830,33 Kr. (961,93 P.).

Katastraljochs 961,93 P. entsprach, betrug derselbe im Jahre 1927 837,77 P. Unter ungünstigen Kreditverhältnissen, wenn für Zwecke der Bodenbeschaffung reichlicher und billiger Kredit nicht zur Verfügung steht, gelangt die Abnahme der Nachfrage in dem Rückgange des Grundbesitzpreises zum Ausdruck, selbst bei einer geringfügigen Steigerung des Ertragswertes. Die Vermehrung der Steuerlast des Bodens wirkte ebenfalls lähmend auf die Ausgestaltung des Verkehrspreises.

Gleichzeitig mit dem Verkehrswerte des Bodens sank auch sein Kreditwert. Während in den Ländern der ungarischen heiligen Krone im Jahre 1912 der durchschnittliche Kreditwert eines Katastraljochs 747,23 P. betrug, betrug er im Jahre 1927 bloß 626,10 P.[1]) Bei der Feststellung des Schätzungswertes der als Hypothek dienenden Liegenschaften werden nicht nur die gedrückten Bodenpreise berücksichtigt, sondern auch der Umstand, daß die Zinsverhältnisse der Hypothekarschulden heute weit ungünstiger sind, als dieselben in den Ländern der ungarischen heiligen Krone waren. Die tatsächlichen Zinslasten der Hypothekardarlehen sind fast doppelt so groß als in den Friedensjahren. Dies wird bei den mit Hypothekardarlehen getätigten Käufen und Verkäufen nicht nur bei der Feststellung des Kaufpreises berücksichtigt, auf welchen dieser Umstand verringernd wirkt, sondern auch bei der Schätzung des als Hypothek verschriebenen Grundbesitzes. Hier ist der Grund des Sinkens des Kreditwertes.

Der Grundbesitz der Länder der ungarischen heiligen Krone repräsentiert einen Wert von 19818717646 Kronen, wogegen der Wert des Bodens des dem heutigen Ungarn entsprechenden Gebietes in den letzten Friedensjahren 7235779045 Kronen betrug, so daß der Verlust der Länder der ungarischen heiligen Krone und die Bereicherung der Sukzessionsstaaten an Grundbesitzvermögen, ohne jede Gegenleistung, in Vorkriegswert berechnet, 12582938592 Goldkronen entspricht[2]).

2. Die Bergwerke.

Die zweite Gruppe der Immobilien bilden, als selbständiger Teil des Volksvermögens, die Bergwerke. Die Feststellung des Kapitalwertes der Bergwerke kann nur auf Grund der Kapitalisierung ihres Reinertrages erfolgen.

---

[1]) F. Fellner: „Das Volksvermögen Österreichs und Ungarns." Wien 1913. (S. 9.) 7. Note.

[2]) F. v. Fellner: „Die Verteilung des Volksvermögens und Volkseinkommens der Länder der ungarischen heiligen Krone zwischen dem heutigen Ungarn und den Sukzessionsstaaten." Metron. Ferrara 1923. (S. 252.)

Der Wert des Rohertrages der Berg- und Hüttenproduktion war in Ungarn[1]):

im Jahre 1925	129261849 Pengö,
„ „ 1926	146585000 „
„ „ 1927	162180000 „
Durchschnitt der Jahre 1925—1927	146008949 Pengö.

Der durchschnittliche jährliche Gesamtwert des Bruttoertrages der Berg- und Hüttenproduktion beträgt daher 146008949 P. 40% dieses Betrages, also 58403579,60 P., als Reinertrag genommen und diesen zu einem Zinsfuße von 4% kapitalisiert, ergibt sich ein Kapitalwert von 1460089490 P. Je höher der angewendete Kapitalisierungskoeffizient ist, um so niedriger wird der erhaltene Kapitalwert sein; in Anbetracht der Ergiebigkeit der ungarischen Erz- und Kohlenbergwerke, sowie des Umstandes, daß dieselben mangels des nötigen Kapitals noch bei weitem nicht vollständig erschlossen sind, kann die Lebensdauer der Bergwerke in Ungarn als keine geringe betrachtet werden, weshalb wir eine verhältnismäßig niedrige Kapitalisierungsquote in Anwendung gebracht haben. Die Anwendung des niedrigen Kapitalisierungsschlüssels bei dem Bergbau begründet auch die von den übrigen Ertragsfaktoren abweichende Natur dieses Zweiges der Urproduktion, da der Bergbau stets neue Investitionen beansprucht, deren Reinertrag sich nur nach längerer Zeit mit öfteren Unterbrechungen und in verschiedenem Maßstabe zeigt.

Von dem Werte der Bergwerke des heutigen Ungarn im Betrage von 1460089490 P. entfallen 1352481190 P. (gleich 94,63%) auf den Privatbesitz, 107608300 P. (7,37%) aber auf staatliche Bergwerke[2]).

Der Wert der Bergwerke der Länder der ungarischen heiligen Krone betrug 2223185592,50 Kr., wogegen die auf dem dem heutigen Ungarn entsprechenden Gebiete befindlichen Berg- und Hüttenwerke einen Wert von 915952464 Kr. repräsentieren[3]). Der sich dem Ungarischen

[1]) Die auf die Jahre 1926 und 1927 bezüglichen Daten verdanken wir dem Kgl. Ung. Stat. Zentralamte, hinsichtlich 1925 s.: „Ung. Stat. Jahrbuch" 1923, 1924, 1925. Budapest 1927. (S. 104.)

[2]) Den Wert der ärarischen und Privatbergwerke haben wir aus dem Gesamtwerte der Produktion ermittelt. In den Jahren 1925—1927 betrug nämlich der Gesamtwert der Produktion, sowohl bei den ärarischen als auch bei den Privatmontan- und Hüttenwerken, im Jahresdurchschnitt 146008949 P., wovon nur 10757380 P. gleich 7,37% auf den Wert der ärarischen Produktion entfielen, welches Verhältnis wir auf den oben ermittelten Bergwerkswert angewendet haben. (Ung. Stat. Jb., Budapest 1927, S. 104, und auf Grund der Daten des Kgl. Ung. Stat. Zentralamtes.)

[3]) S. Friedrich Fellner: „Das Volksvermögen Österreichs und Ungarns." Wien 1913. (S. 18.) Weiter von demselben Autor: „Die Verteilung des Volksvermögens und Volkseinkommens der Länder der ungarischen heiligen Krone

Reiche gegenüber ergebende große Verlust an Bergwerken ist hauptsächlich auf den Verlust der Salzgruben zurückzuführen. Hingegen findet die wesentliche Erhöhung des Wertes des Bergwerksvermögens des dem heutigen Ungarn entsprechenden Gebietes in den bedeutenden Investitionen, der starken Zunahme der Produktion und der gesteigerten Ausbeutung des Aluminiumerzes ihre Aufklärung.

Es sei noch bemerkt, daß die verhältnismäßige Bedeutung der ärarischen Bergwerke dem Privatbesitz gegenüber sich in dem heutigen Ungarn wesentlich verringerte, indem der Wert der ärarischen Bergwerke bloß 7,37% des Wertes der gesamten Bergwerke des Landes repräsentiert, wogegen derselbe im Ungarischen Reiche 12,62% ausmachte.

Der Verlust der Länder der ungarischen heiligen Krone und die Bereicherung der Sukzessionsstaaten an Bergwerksvermögen, ohne jede Gegenleistung, entspricht, in Vorkriegswert berechnet, 1307233128,50 Goldkronen[1]).

3. Die Gebäude.

Den dritten Bestandteil des unbeweglichen Nationalvermögens bilden die Gebäude. Eine annähernd genaue Ermittlung ihres Wertes ist durch die reichlichen, verläßlichen und detaillierten statistischen Daten bezüglich des Ertragskatasters ermöglicht.

Das in Gebäude angelegte Vermögen Ungarns kann zum überwiegenden Teile mit Benutzung der Haussteuerstatistik festgestellt werden. In Ungarn unterliegen die Wohnhäuser und sonstigen Gebäude ständigen Charakters einer Haussteuer[2]). Die Grundlage der Haussteuer bildet bei vermieteten Gebäuden der jährliche rohe Mietertrag und die der nicht vermieteten Gebäude resp. Gebäudeteile der durch Parifikation mit den tatsächlich vermieteten geschätzte Nutzwert resp. Mietertrag[3]). In solchen Orten, wo Mieten überhaupt nicht oder nur sporadisch vorkommen, wird der Nutzwert der nicht vermieteten Gebäude durch den Finanzminister bestimmt[4]). Es sei noch bemerkt, daß in Ungarn aus dem Gesichtspunkte der Besteuerung unter den Gebäuden zwei große Kategorien zu unter-

zwischen dem heutigen Ungarn und den Sukzessionsstaaten." Metron. Ferrara 1923. (S. 252.)

[1]) Ibidem S. 252.

[2]) Im Sinne des § 1 der Finanzministerialverordnung Nr. 200 vom Jahre 1927. (Amtl. Zusammenstellung der staatlichen direkten Steuern. Sonderabdruck aus Nr. 12 v. J. 1927.) Finanzielle Mitteilungen. (Penzügyi Közlöny.)

[3]) Ibidem §§ 8 und 9.

[4]) Mit Gesetzartikel XXII v. J. 1922, betreffend die Gebäudesteuer, wurde die bis dahin in Kraft befindliche Hausklassensteuer aufgehoben und die Hauszinssteuer auf sämtliche steuerpflichtige Gebäude generalisiert.

scheiden sind: jene der steuerpflichtigen und jene der steuerfreien Häuser. Letztere Kategorie — die gleichfalls aus provisorisch und ständig steuerfreien Häusern besteht — ist bei der Schätzung ebenfalls zu berücksichtigen, was dadurch ermöglicht wird, daß die Steuer der provisorisch steuerfreien Gebäude zwar gleichfalls veranlagt, jedoch nicht vereinnahmt wird, so daß auch deren Nutzwert aus dem Haussteuerkataster ersichtlich ist. Der Wert der ständig steuerfreien Gebäude, wie der landwirtschaftlichen Gebäude, der Fabriken, der auf dem Gebiete der Industrieanlagen zu Betriebszwecken dienenden Gebäude, der staatlichen Gebäude, der Verwaltungszwecken dienenden Munizipal- und Kommunalgebäude, kann — wie später ersichtlich — größtenteils aus unmittelbaren Daten festgestellt werden.

Der Reinertrag der Gebäude gelangt in dem nach Abzug der Erhaltungsspesen, der Kapitalamortisationsquote usw. verbleibenden reinen Hauszinsbetrage zur Geltung. Der Reinertrag hat bei den Gebäuden einen dem Kapitalzins ähnlichen Charakter, da der Ertrag hieraus nicht — wie bei dem landwirtschaftlich nutzbar gemachten Grundbesitz — durch Bearbeitung und technische Produktion gewonnen wird, sondern infolge der ganzen Beschaffenheit des Gebäudekapitals ohne weiteres nutzbar gemacht werden kann. Der Nutzwert des Gebäudes kommt in dem Ertrage zum Ausdruck, welcher das Ergebnis der Produktion ist, wie bei dem Grundbesitz[1]). Eben deshalb hat derselbe einen ständigen Charakter, welcher auch in dem viele Jahre hindurch unveränderten Werte der Gebäude zum Ausdrucke gelangt.

Der Hauszinsbetrag (roher Mietzinsertrag und Nutzwert) betrug am 1. November 1927 im heutigen Ungarn, für das ganze Jahr umgerechnet, nach sämtlichen steuerpflichtigen und provisorisch steuerfreien Häusern[2]):

in Budapest	224119440	Pengö,
in den Provinzstädten	117970697	„
in den Dörfern	125586000	„
	467676137	Pengö.

Der rohe Mietzinsertrag beträgt sowohl bei den steuerpflichtigen als auch bei den provisorisch steuerfreien Häusern in Budapest 224119440 P. Ebenso wie bei dem landwirtschaftlich nutzbar gemachten Grundbesitz, gelangen wir auch bei den städtischen Gebäuden nicht im Wege der Kapitalisierung des Roh-, sondern des Reinertrages zu dem Kapitalswerte. Bei den Gebäuden repräsentiert den Reinertrag der von

[1]) v. INAMA-STERNEGG zit. Abhandlung. S. 274.

[2]) Die Daten verdanken wir Herrn Ministerialrat FRANZ KÖLBIG, Leiter der Hauptabteilung VII/a im Kgl. Ung. Finanzministerium.

dem rohen Mieterträgnis nach Abzug des einem gewissen Prozentsatze entsprechenden Betrages für Zwecke der Gebäudeerhaltungs- und Kapitaltilgungskosten verbleibende reine Hauszinsertrag[1]). In Budapest, für Gebäudeerhaltungs- und Kapitaltilgungskosten 20% in Abzug gebracht, beträgt der reine Hauszinsertrag 179295552 P. Als Kapitalwert das Vierzehnfache angenommen (ca. 7proz. Kapitalisierung), beträgt der Kapitalwert der steuerpflichtigen und provisorisch steuerfreien Gebäude in Budapest 2510137728 Pengö. Unter Zurechnung des Wertes der im Besitze der Haupt- und Residenzstadt Budapest befindlichen steuerfreien Gebäude in Höhe von 311903500 P.[2]), weiterhin des Wertes der auf dem Gebiete der Hauptstadt befindlichen sonstigen ständig steuerfreien Gebäude in Höhe von 57760526 P.[3]) ergibt sich als Kapitalwert (resp. Ertragswert) sämtlicher steuerpflichtigen, sowie provisorisch und ständig steuerfreien Gebäude Budapests der Betrag von 2879801754 P.

Die Zuverlässigkeit dieses Ergebnisses kann auf Grund einer mit einer anderen Methode durchgeführten Schätzung kontrolliert werden, welche, unter Benutzung von Daten ganz anderer Natur, versucht werden soll. Auf dem Gebiete der Haupt- und Residenzstadt Budapest beträgt die Zahl der Neubauten (neue Wohnhäuser und sonstige Gebäude) vom Jahre 1874 bis 1927, also während 53 Jahren, 25908. Auf diese Neubauten wurden

---

[1]) Bei der Bewertung der städtischen Liegenschaften für Zwecke der Steuerbemessung ist je nach dem Maße des rohen Mietertrages resp. Nutzwertes das 11- bis 16fache desselben anzunehmen. (Zirkularverordnung des Kgl. Ung. Finanzministers Nr. 13500 v. J. 1928, betreffend die Bemessung der Einkommen- und Vermögenssteuer v. J. 1928. § 5. „Budapesti Közlöny." 26. Januar 1928. Nr. 21.) Bei der Vermögenssteuer ist aus dem Grunde der rohe und nicht der reine Mietzinsertrag zu kapitalisieren, weil seit der Inkraftsetzung des Gesetzartikels VI v. J. 1909 behufs Vereinfachung von dem Abzuge der 20-, 25- und 30proz. Gebäudeerhaltungs- und Werttilgungskosten abgesehen wurde und der Rohertrag, statt nach dem bisherigen hohen (22, 20, 16%) Steuerschlüssel, nach einem niedrigeren (16, 14, 11%) Schlüssel besteuert wurde. Dem Wesen nach ist es einerlei, ob der rohe oder der reine Mietertrag der Verzinsung als Grundlage dient. Bei der Kapitalisierung des reinen Mietertrages ist jedoch selbstredend ein höherer Multiplikationskoeffizient festzustellen, und zwar in dem dem Spesenabzugsposten entsprechenden Maße.

[2]) Nach der gefälligen Mitteilung des Herrn Oberrechnungsoffizials Béla Sebö.

[3]) Die Zahl der auf dem Gebiete der Haupt- und Residenzstadt Budapest befindlichen, jedoch nicht deren Eigentum bildenden, ständig steuerfreien Gebäude (königliche Hofhaltungsgebäude, staatliche und Komitats Verwaltungsgebäude, Militärgebäude, Kirchen, Kapellen, Museen, Bibliotheken, sonstige wissenschaftliche Institute usw.) beträgt 597. Die auf ein Gebäude entfallenden durchschnittlichen Baukosten betragen, laut obigen Angaben, 96751,30 P., so daß als Wert der 597 ständig steuerfreien Gebäude 57760526 P. angenommen werden können. (Die auf die Zahl und Bestimmung der Gebäude bezüglichen Daten s.: Statistisches Verwaltungsjahrbuch der Haupt- und Residenzstadt Budapest. 1928. S. 10.)

— laut amtlichen Daten[1]) — insgesamt 2506632281 P. verwendet. Ein Gebäude kostete daher durchschnittlich 96751,30 P. Es ist selbstverständlich, daß die Zahl der während mehr denn einem halben Jahrhundert vorgenommenen Bauten mit der Zahl der Gebäude nicht identisch ist, nachdem viele neue Gebäude an Stelle alter, abgetragener Gebäude errichtet wurden. In Budapest gab es Ende des Jahres 1927 22016 Gebäude. Den Bauwert eines Gebäudes mit 96751,30 P. angenommen, beträgt der Bauwert sämtlicher Gebäude der Hauptstadt 2130076620,80 P.

Die Abweichung zugunsten des Ertragswertes der Gebäude ist nur eine scheinbare. Sie findet ihre Erklärung darin, daß in dem Ertragswerte auch der Wert des Grundes enthalten ist, weiterhin, daß das vor 30—40 Jahren in Bauten investierte Kapital, infolge der mit der Verminderung der Kaufkraft des Geldes eingetretenen allgemeinen Preiserhöhung, heute im Werte höher ist, was auch in der ständigen Steigerung der Mietzinse zum Ausdruck gelangt.

Dies dient unter anderem auch zur Bekräftigung dessen, daß als Ausgangspunkt bei der Feststellung des Gebäudewertes richtigerweise nur der Hauszinsertrag angenommen werden kann.

Zu den als Bauwert der Gebäude oben gewonnenen 2,130 Milliarden Pengö, wegen Änderung des Goldwertes 35% (745526797,28 P.) hinzugerechnet, ergibt sich als Bauwert der gesamten hauptstädtischen Gebäude ein Betrag von 2875603418 P., welches Ergebnis mit dem mit der ersten Methode berechneten Werte fast identisch ist.

Nach Ermittlung des Kapitalwertes der in Budapest befindlichen sämtlichen Gebäude taucht die Frage auf, wieviel der Kapitalwert sämtlicher Gebäude in Ungarn beträgt. Wie weiter oben ausgewiesen, beträgt in den Provinzstädten der rohe Hauszinsertrag sowohl der steuerpflichtigen als auch der provisorisch steuerfreien Häuser 117970697 P. Für Gebäudererhaltungs- und Kapitaltilgungskosten in den Provinzstädten sind, mit Rücksicht darauf, daß die Provinzhäuser gewöhnlich nicht so standhaft gebaut werden wie die der Hauptstadt, von dem rohen Hauszinsertrage 25% in Abzug zu bringen, und das 17½fache (Kapitalisierung zu ca. 5½%) des so gewonnenen reinen Hauszinsertrages von 88478023 P. ergibt als Kapitalwert der steuerpflichtigen und provisorisch steuerfreien Häuser in den Provinzstädten einen Betrag von 1548365402 P. Schließlich sind noch von dem 125586000 P. betragenden rohen Hauszinsertrage

[1]) Statistische Jahrbücher der Haupt- und Residenzstadt Budapest 1894 Budapest 1896. (S. 218 u. 221). Dasselbe 1903. Budapest 1905. (S. 172.) Die Administration und die öffentlichen Verhältnisse der Haupt- und Residenzstadt Budapest im Jahre 1909. Budapest 1913. (S. 140 u. 141.) Die auf die Jahre 1910 bis 1927 bezüglichen Daten verdanken wir dem Direktor des Budapester Statistischen Zentralamtes, Herrn Dr. Ludwig J. Illyefalvi.

resp. Nutzwerte der in den Dörfern befindlichen steuerpflichtigen und provisorisch steuerfreien Häuser für Gebäudeerhaltungs- und Kapitaltilgungskosten 30% in Abzug zu bringen, und das Zwanzigfache (Kapitalisierung zu 5%) des so gewonnenen reinen Mietertrages von 87910200 P. ergibt den dem Kapitalwerte der Dorfhäuser entsprechenden Betrag von 1758204000 P.

Das als Ertragswert der steuerpflichtigen und provisorisch steuerfreien Gebäude Ungarns gewonnene Ergebnis von 5816707130 P. ist als ein der Wirklichkeit entsprechendes zu betrachten[1]), da bei der Bemessung der Hauszinssteuer und der Feststellung des reinen Nutzwertes des Hauses eine Verheimlichung der Steuerbasis kaum vorkommen kann, denn die Häuser sind solche Steuerobjekte, welche die aufs genaueste ermittelbaren Steuergrundlagen liefern.

Auf den Maßstab des Kapitalwertes ist auch der angewendete Kapitalisierungsprozentsatz von Einfluß. Bei den Gebäuden haben wir einen höheren Kapitalisierungsprozentsatz (5, 5½, 7%) angewendet als bei den Grundbesitzen (4½%). Dies motiviert die wesentlich abweichende Eigenartigkeit des landwirtschaftlich benutzten Grundbesitzes von den Gebäuden. Beide liefern zwar eine Rente während aber der Grundbesitz als ein immerwährender Rentenfonds erscheint[2]), geht das Ge-

---

[1]) Es sei bemerkt, daß der Kreditwert der Häuser nicht auf Grund des 100proz. sondern des 70proz. Mietbetrages festgestellt wurde. Im Sinne der Mietzinsbeschränkungsverfügungen waren nämlich am 1. November 1927 an Hauszins bloß 70% der am 1. November 1917 gültigen Goldmiete zu zahlen, und zwar gemäß § 4 des Erlasses Nr. 5200/1926 M. E., resp. des Erlasses Nr. 8888/1927 M. E., betreffend die sukzessive Aufhebung der Beschränkungen im Wohnungswesen („Budapesti Közlöny", 16. Oktober 1927, Nr. 235), so daß der oben ausgewiesene Hauszinsbetrag von 467676137 P. sich noch erhöhen wird. und zwar:

in Budapest mit	58300000	Pengö,
„ Provinzstädten mit	17900000	„
„ Dörfern mit	700000	„
insgesamt mit . . .	76900000	Pengö.

Demzufolge wird sich der Wert der Häuser bei einem 100proz. Mietzinse wie folgt erhöhen:

in Budapest mit	666,960	Millionen Pengö
„ Provinzstädten mit . . .	234,937	„ „
„ Dörfern mit	9,800	„ „
insgesamt mit	911,697	Millionen Pengö

Der diesem Betrage entsprechende Kapitalwert-Mehrbetrag erscheint in der Bilanz des Volksvermögens als latente Reserve.

[2]) Rodbertus-Jagetzow hat den Grundbesitz als einen „immerwährenden Rentenfonds" bezeichnet. („Zur Erklärung und Abhilfe der heutigen Creditnoth des Grundbesitzes" II. Jena 1876. S. 73.)

bäude mit der Zeit zugrunde und muß neu errichtet werden. Hieraus folgt, daß das Haus — bei gleichem Kapitalwerte — einen größeren Ertrag bieten muß, da ein Teil des Ertrages jeweilig für Kapitaltilgungs- und Instandhaltungszwecke verwendet werden muß, wogegen bei dem Grundbesitze solche Reservebildungen nicht notwendig sind.

Zu dem Werte der in Ungarn befindlichen steuerpflichtigen und provisorisch steuerfreien Gebäude ist auch der Wert der ständig steuerfreien Gebäude hinzuzurechnen, um zu dem Kapitalwerte sämtlicher Gebäude des Landes zu gelangen. Weiter oben haben wir ausgewiesen, daß der Wert der im Besitze der Haupt- und Residenzstadt Budapest befindlichen, ständig steuerfreien Gebäude 311903500 P. beträgt, wogegen wir für den Wert der sonstigen ständig steuerfreien Budapester Gebäude 57760526 P. angenommen haben. Des weiteren haben wir ausgewiesen, daß die ständig steuerfreien landwirtschaftlichen Gebäude auf dem Gebiete des Landes mit 1576312296 P. bewertet werden können[1]). Der Wert der auf dem Territorium der Fabriken und Industrieanlagen Betriebszwecken dienenden, ständig steuerfreien Gebäude beträgt 427595200 P.[2]). Von den ständig steuerfreien staatlichen Gebäuden konnten wir nur einen Teil berücksichtigen, jenen, welcher in Budapest ist, da der Stand und Wert der staatlichen Liegenschaften in dem staatlichen Vermögensinventar nicht aufgenommen erscheint, demnach in den staatlichen Schlußrechnungen auch nicht vorkommt[3]). Dieser nicht berücksichtigte Gebäudeblock repräsentiert jedoch keinen größeren Wert, nachdem die ständig steuerfreien Geschäftsgebäude der Eisenbahnen und sonstigen Verkehrsunternehmungen in der Rubrik der Verkehrsmittel bereits enthalten sind.

Der Wert sämtlicher Gebäude Ungarns beträgt 8190278652 P.

Der Wert der Gebäude der Länder der ungarischen heiligen Krone betrug 8574937027 Kronen, wovon auf jenes Gebiet, welches das heutige Ungarn bildet, 4533656994 Kronen entfielen[4]). Der sich dem Ungari-

---

[1]) s. S. 11 und S. 12 der vorliegenden Arbeit.

[2]) Gemäß amtlichen Daten beträgt der Wert der im Besitze der Industrie-Aktiengesellschaften befindlichen Liegenschaften: Fabriksgründe und Fabrikgebäude 376110960 P.; Geschäftsgebäude, Waren- und Lagerhäuser 9529840 P.; sonstige Betriebs- oder Geschäftsgebäude 41954400 P. Der Wert der Bergwerksgründe und der Montan-Betriebsgebäude im Betrage von 3546240 P. erscheint in der Bilanz der Gebäude nicht gesondert eingestellt, da derselbe bei dem Ertragswerte der Montanwerke bereits berücksichtigt wurde. (Ung. Stat. Jb. 1926. Budapest 1928. S. 110.)

[3]) Bericht des Kgl, Ung. Obersten Staatlichen Rechnungshofes zu der Schlußrechnung des Ungarischen Staates für das Jahr 1926/27. Budapest 1928. (S. 15.)

[4]) F. Fellner: „Das Volksvermögen Österreichs und Ungarns." Budapest 1913. (S. 26.) Derselbe: „Die Verteilung des Volksvermögens und Volkseinkommens der Länder der ungarischen heiligen Krone zwischen dem heutigen Ungarn und den Sukzessionsstaaten." Metron. Ferrara 1923. (S. 252.)

schen Reiche gegenüber in dem Gebäudevermögen ergebende Verlust ist — im Vergleiche zu den übrigen Vermögenselementen — aus dem Grunde verhältnismäßig kleiner, da der wertvollste Gebäudeblock des Landes auf Budapest entfällt. Hierzu kommt noch, daß die ständig steuerfreien Gebäude, zufolge der uns zur Verfügung stehenden genaueren Angaben, in größerem Betrage vorkommen. Demzufolge kann die wesentliche Erhöhung des Wertes des Gebäudevermögens auf dem dem heutigen Ungarn entsprechenden Gebiete nur zum kleineren Teile auf die seit dem Jahre 1912 vorgenommenen Mietzinserhöhungen und auf die Bauten zurückgeführt werden, zum größten Teile ist die Werterhöhung bloß eine scheinbare.

Der Verlust der Länder der ungarischen heiligen Krone und die Bereicherung der Sukzessionsstaaten an Gebäudevermögen, ohne jede Gegenleistung, entspricht, in Vorkriegswert berechnet, 4041280033 Goldkronen[1]).

4. Die Verkehrsmittel.

Die Möglichkeit der Steigerung der Produktion wird durch die Erweiterung des Marktes gesichert. Die Schaffung eines breiteren Marktes kann durch Vervollkommnung der Verkehrsmittel erreicht werden, was eine ständige und stets größere Kapitalsinvestierung beansprucht. Die Verkehrsmittel repräsentieren bedeutende Kapitalien, bilden demnach einen wichtigen Bestandteil des ungarischen Volksvermögens.

Die Verkehrsmittel gehören teilweise zu dem Grund und Boden, teilweise zu den Gebäuden, teilweise zu dem beweglichen Vermögen. Nachdem aber die Ermittlung des Wertes der Verkehrsmittel, gemäß der Natur der uns zur Verfügung stehenden Daten, nicht in ihre Elemente zerlegt werden kann, dies sogar ein methodischer Fehler wäre, da die einzelnen Kategorien der Verkehrsmittel einen größeren Wert repräsentieren als den Gesamtwert ihrer einzelnen Bestandteile, wollen wir die Verkehrsmittel je nach ihrem besonders ermittelten Schätzungswerte in das Inventar des Volksvermögens einstellen.

Durch den Umstand, daß wir bei dem Grundbesitze nur den bebauten Boden berücksichtigt haben, da die öffentlichen Straßen und ständigen Ackerwege, die Kanäle und die für Zwecke der Bahnkörper oder Bahnhöfe dienenden Bodengebiete der den öffentlichen Verkehr abwickelnden Eisenbahnen, nicht Gegenstand der Grundsteuer bilden, ist die Vermeidung einer Doppelberechnung gesichert. Ebenso haben wir bei den Gebäuden die in die Gruppe der Verkehrsmittel gehörenden Häuser nicht berücksichtigt.

---

[1]) Ibidem (S. 252).

Zu den Verkehrsmitteln gehören: die verschiedenen öffentlichen Straßen, die Eisenbahnen, Wasserstraßen, die Post, der Telegraph, das Telephon und die Kraftfahrzeuge[1]).

1. Die erste Gruppe der Verkehrsmittel bilden die öffentlichen Straßen. Ihre Bedeutung hat sich mit dem Ausbau des Eisenbahnnetzes — welches sie zu alimentieren berufen sind — nicht verringert, vielmehr, durch die rapide Verbreitung der Kraftfahrzeuge, noch gesteigert. Ihr entsprechender Ausbau und ihre Instandhaltung ist wichtig und erfordert immer mehr Kapitalien.

In Ungarn können die öffentlichen Straßen in vier Kategorien geteilt werden. Man unterscheidet: die den Verkehrsinteressen des ganzen Landes dienenden ärarischen öffentlichen Straßen von großer strategischer Bedeutung, in einer Länge von 3664 km; öffentliche Munizipalstraßen, welche die Komitate und innerhalb derselben die wichtigeren Verkehrspunkte miteinander verbinden, in einer Länge von 10949 km; die dem Nahverkehr der kleineren Orte dienenden Gemeindestraßen resp. öffentlichen Verkehrsstraßen niederer Ordnung, in einer Länge von 2016 km; schließlich Eisenbahn-Zugangsstraßen in einer Länge von 207 km, welche die Eisenbahnstationen mit den nächstgelegenen Staats-, Munizipal- oder Gemeindestraßen verbinden. Die 33476 km langen öffentlichen Gemeindefeldwege niederer Ordnung haben von dem Gesichtspunkte unseres Problems keine Bedeutung[2]), da sie aus dem Gesichtspunkte des öffentlichen Verkehrs nicht in Betracht kommen und nur zur Abwicklung des unbedeutenden lokalen Verkehrs einer Gemeinde dienen. Von dem 27426 km langen öffentlichen Straßennetz sind 16836 km ausgebaut, somit 61,4% des ganzen Netzes. Wieviel beträgt der Wert dieser öffentlichen Landes- und Lokalverkehrsstraßen?

Die Wege stehen außerhalb des Tauschverkehrs (res extra commercium); dieselben haben daher keinen Verkaufswert, keinen Verkehrswert. Auch kann, entsprechend dem landwirtschaftlich benutzten Grundbesitze, ihr Ertragswert nicht festgestellt werden, da sie keinen Ertrag abwerfen. Bei der Ermittlung des Wertes der Steinstraßen kann sich demnach der Statistiker nur auf die Herstellungskosten derselben stützen, da vorauszusetzen ist, daß die mit dem Baue der Straßen verbundenen Opfer nicht

[1]) Mit Rücksicht darauf, daß Ungarn — im Sinne der Verfügung des § 132 des in dem Gesetzartikel XXXIII v. J. 1921 inartikulierten und in dem in der Umgebung von Paris gelegenen Trianon aufgenötigten sogenannten Friedensvertrages — das gesamte Material seines festländischen und Wasserflugdienstes, also sämtliche Luftfahrzeuge den verbündeten und allierten Mächten ausfolgte, fehlt aus der Bilanz des ungarischen Nationalvermögens der in anderen Staaten einen bedeutenden Wert repräsentierende Flugzeug- und Luftschiffpark.

[2]) Die auf die Straßen bezüglichen Daten s.: Ung. Stat. Jb. 1926. Budapest 1928. (S. 139.)

gebracht worden wären, wenn dieselben sich in dem Werte der Straßen nicht vollständig reproduzieren würden, wenn in dem Werte der Straßen kein vollständiger Ersatz für die Baukosten vorhanden wäre. Es braucht wohl nicht besonders hervorgehoben zu werden, daß bei derartigen Wertermittlungen, notwendigerweise, so weit zurückgegriffen werden muß, daß dieselben von dem tatsächlichen Zustande ein vollkommen treues Bild überhaupt nicht geben können, wir demnach über den derzeitigen Wert des Straßennetzes nur eine annähernde Orientierung gewinnen können.

Der einstige Handelsminister Karl Hieronymi, einer der hervorragendsten Fachmänner des Verkehrswesens, schätzte den Bau der öffentlichen Straßen im Jahre 1869 auf durchschnittlich 11088 fl. (25691,78 P.) pro Kilometer, jenen der Komitatsstraßen auf 5676 fl. (13151,74 P.) pro Kilometer[1]). Zweifellos könnten die öffentlichen Staats- und Munizipalstraßen zu so billigem Einheitspreise heute nicht gebaut werden; seit 60 Jahren haben sich die Arbeitslöhne, die Preise der zum Straßenbau nötigen Rohprodukte (Steinmaterial, Zement, Bitumen usw.) wesentlich erhöht. Es bildet jedoch nicht unsere Aufgabe, zu ermitteln, welchen Kostenaufwand der Ausbau des Straßennetzes heute erfordern würde, sondern vielmehr wieviel der Wert des bereits ausgebauten Straßennetzes beträgt, welches teils in vernachlässigtem Zustande ist, teils mit neueren Kapitalsinvestitionen instandgehalten wurde. Weder die Bodenbearbeitungs- noch die Expropriations- und Steinfundierungskosten belasten die Instandhaltungskosten. Demzufolge ist es am richtigsten, wenn als Wert des Straßennetzes die seinerzeit erwachsenen Baukosten als Grundlage angenommen werden, bei einer Erhöhung derselben in einem der Preiserhöhung entsprechenden Maße.

Die Feststellung der durchschnittlichen Baukosten, das heißt eid durchschnittliche Preiserhöhung seit dem Jahre 1869 kann in Ungarn mit 35% angenommen werden[2]). Den Durchschnittspreis der Staatsstraßen

[1]) In Frankreich betrugen die Baukosten der Staatsstraßen, gemäß den amtlichen Daten, pro Kilometer im Durchschnitt 29476 Franken (= 32518 P.); die Baukosten des gesamten französischen Straßennetzes (Staats-, Munizipal- und Gemeindestraßen) veranschlagte Hieronymi vor 55 Jahren auf 4 Milliarden Franken. (Karl Hieronymi: „Die staatliche Verwaltung der öffentlichen Arbeiten in Frankreich." Budapest 1874. S. 189 u. 183.) In der Schweiz betrugen die Baukosten der Ärarialstraßen pro Kilometer im Kanton Bern 26574 Franken (= 29317 P.). S. L. C. Mühlemann: „Untersuchungen über die Entwicklung der wirtschaftlichen Kultur und die Güterverteilung im Kanton Bern." (Mitteilungen des Bernischen statistischen Bureaus. Jg. 1905. Lieferung II. S. 232.) In Vorarlberg betrugen die Baukosten der Staatsstraßen pro Kilometer 50000 Kronen. (F. Schindler: „Das Volksvermögen Vorarlbergs." Ferrara 1923. S. 145.)

[2]) Der, den amtlichen Daten gemäß, auf dem österreichischen und ungarischen Zollgebiete hinsichtlich sämtlicher Waren auf Grundlage der Sauerbeckschen

demnach pro Kilometer mit 34683,90 P., den der Munizipalstraßen mit 17754,84 P. berechnet und unter Berücksichtigung dessen, daß 78,4% der Staats- und Munizipalstraßen, somit mehr als Dreiviertel des Gesamtnetzes ausgebaut ist, diese Durchschnittswerte auf das betreffende ganze ausgebaute Straßennetz angewendet, repräsentieren die öffentlichen Straßen einen Wert von 127081809 P., die Munizipalstraßen einen solchen von 194397723 P.

Über die Baukosten der Gemeindestraßen stehen uns keine unmittelbaren Daten zur Verfügung; wenn wir aber in Betracht ziehen, daß die durchschnittlichen Baukosten der Gemeindestraßen in Frankreich 4220 Fr. betragen[1]), und davon ausgehen, daß das Verhältnis zwischen den Baukosten der Steinstraßen Frankreichs und Ungarns pro Kilometer (25691,78: 32518) das gleiche ist als jenes der durchschnittlichen Baukosten der Gemeindewege, so können die Baukosten der öffentlichen Verkehrsstraßen der Gemeinden im Jahre 1869 in Ungarn pro Kilometer mit 3695,74 P. angenommen werden, welcher Betrag — mit Rücksicht auf die Durchschnittswertsteigerung — um 35% erhöht, einer Summe von 4989,25 P. entspricht. Das 2016 km umfassende öffentliche Verkehrsstraßennetz der Gemeinden respräsentiert demnach einen Wert von 10058228 P. Von den Gemeindefeldwegen und den Eisenbahnzugangsstraßen können wir in Ermangelung von Daten nicht sprechen. Sie repräsentieren wegen ihrer geringfügigen Bedeutung ohnehin keinen größeren Wert. Der Gesamtwert des öffentlichen Straßennetzes, das heißt der Staats-, Munizipal- und Gemeindestraßen Ungarns beträgt 331537860 P.

2. Über den Gesamtwert der den ergänzenden Teil der Straßen bildenden Brücken besitzen wir keine Angaben. Amtlichen Daten zufolge betragen die Baukosten der Budapester sechs staatlichen Donaubrücken 53305130 P.[2]). In der staatlichen Schlußrechnung für das Jahr 1911 sind die Budapester Staatsbrücken in einem Werte von 49195428,28 Kr. ausgewiesen[3]), was 56992903,66 P. entspricht. Auf den Wert der übrigen, teils aus Eisen, teils aus Stein und Holz konstruierten Brücken können wir aus dem Kostenaufwande der Brücken folgern, bezüglich welcher uns

---

Methode berechnete Prozentsatz beträgt, den Durchschnittspreis der Jahre 1867 bis 1877 mit 100 angenommen, im Jahre 1910 96,5. Die Preise zeigen somit während 40 Jahren einen geringen Rückfall. Die Großhandelspreise im Jahre 1913 mit 100 angenommen, betrug der Prozentsatz Ende des Jahres 1927 135. (Hinsichtlich der Daten s.: Preisstatistik. Ung. Stat. Mitteilungen. Bd. 44. Budapest 1913. S. 331; Ung. Stat. Rundschau. November 1928. S. 1267.)

[1]) Hieronymis zit. Arbeit S. 249.

[2]) Stat. und Verwaltungsjahrbuch der Haupt- und Residenzstadt Budapest. 1928. Hrsg. von Dr. Ludwig J. Illyefalvi. Budapest 1928. (S. 521.)

[3]) Staatl. Schlußrechnung der Länder der ungarischen hl. Krone für das Jahr 1911. (S. 261.)

amtliche Angaben zur Verfügung stehen. Die seit dem Jahre 1867—1915 auf die Brücken verwendeten Ausgaben beliefen sich auf 34775598 Kr.[1]). Hiervon im Verhältnis der Länge der Brücken 18,11% = 6297860 Kr., das ist 7296070 P. auf das heutige Ungarn berechnet[2]) und hierzu für die während der Jahre 1924—1926 auf die Brücken verwendeten Ausgaben 2872560 P. hinzugerechnet[3]), ergibt sich als Wert der außerhalb Budapests befindlichen Brücken ein Betrag von 10168630 P., worin jedoch die den Unterbau bildenden Eisenbahnbrücken selbstredend nicht enthalten sind. Für den annähernden Gesamtwert der Brücken sind 63473760 P. in das Inventar des Nationalvermögens einzustellen.

3. Während in den westlichen Staaten ein beträchtlicher Teil des Volksvermögens in künstlichen Wasserstraßen angelegt erscheint, gibt es im heutigen Ungarn — mit Rücksicht darauf, daß der 235 km lange Franz-Kanal und der 115 km lange Bega-Kanal aus dem Körper der Länder der ungarischen heiligen Krone ausgeschieden und den Sukzessionsstaaten angegliedert wurde — kein künstliches Wasserstraßennetz.

In das Inventar des Volksvermögens sind aber nicht nur die für die Errichtung künstlicher Wasserstraßen verwendeten Beträge, sondern auch jene Opfer einzustellen, welche der Staat im Interesse der Schiffbarmachung der Flüsse und im allgemeinen für die Regulierung der natürlichen Wasserstraßen bringt. Das heutige Ungarn besitzt schiffbare Wasserstraßen in einer Länge von 1698,6 km, wovon 1629,1 km mit Dampfkraft fahrbar sind[4]). Für die Regulierung dieser 6011,4 km langen Wasserstraßen der Länder der ungarischen heiligen Krone hat der Staat von 1867 bis Ende 1918 358510194 Kr. investiert[5]), somit pro Kilometer 59638 Goldkronen, welchem Durchschnittsbetrag, auf das Wasserstraßennetz des heutigen Ungarn angenommen, die Investition bis 1918 101301106 Goldkronen entspricht; vom Jahre 1919—1926 betrug die weitere Investition 29529871 Goldkronen, wovon auf den Bau des Budapester Handelshafens und auf die Regulierung des Soroksárer Donauzweiges 22733966 Goldkronen ent-

---

[1]) Bericht des Handelsministers an die Gesetzgebung über sein Wirken im Jahre 1897. Budapest 1898. (S. 27); Ung. Stat. Jb. 1911. (S. 224); Ibidem 1915. (S. 166.)

[2]) Friedrich v. Fellner: „Die Verteilung des Volksvermögens und Volkseinkommens der Länder der ungarischen heiligen Krone zwischen dem heutigen Ungarn und den Sukzessionsstaaten." Metron. Ferrara 1923. (S. 11.)

[3]) Ung. Stat. Jb. 1926. (S. 139.) Der Betrag der auf die Brücken verwendeten Ausgaben belief sich in den Jahren 1924—1926 auf 35,907 Milliarden Kr. = 2872560 P.

[4]) Ung. Stat. Jb. 1926. (S. 149.)

[5]) Ibidem 1916—1918. Budapest 1924. (S. 37 u. 134.)

fallen[1]). Der Wert der mit einer Kapitalsinvestition von 130830977 Goldkronen regulierten künstlichen Wasserstraßen kann daher insgesamt mit 151572920 P. veranschlagt werden.

Neben den in den Wasserstraßen investierten Kapitalien ist auch der Schiffbestand der einheimischen Schiffahrtsunternehmungen zu berücksichtigen. Die Zahl der Rad- und Schraubendampfer beträgt 104, ausgestattet mit einer Pferdekraft von 30132, im Werte von 19682565 P.; wogegen die Zahl der Schlepper 275 ausmacht, mit einer Tragfähigkeit von 143983 Tonnen, im Werte von 14462272 P. Der Schiffpark des heutigen Ungarn repräsentiert somit einen Wert von 34144837 P.[2]).

Das in den Wasserstraßen und dem Schiffbestand investierte Kapital kann mit insgesamt 185717757 P. bewertet werden.

4. Den nächsten Gegenstand der Schätzung bilden die wichtigsten und wertvollsten Verkehrsmittel des modernen Verkehrswesens: die staatlichen, Stadt-, Gemeinde- und Privateisenbahnen. Der wirkliche Kapitalwert der Eisenbahnen kann entweder auf Grund des investierten Kapitals oder nach dem reinen Ertrage festgestellt werden.

Die Baulänge der Kgl. Ung. Staatseisenbahnen, wie auch der für ihre Rechnung verwalteten Eisenbahnen, sowie der durch sie verwalteten Lokaleisenbahnen, schließlich die der Privateisenbahnen gestaltete sich nach dem Stande vom 30. Juni 1927 wie folgt[3]):

	Kilometer
Baulänge der Kgl. Ung. Staatseisenbahnen	3056,321
Baulänge der für Rechnung der Kgl. Ung. Staatseisenbahnen verwalteten Eisenbahnen	518,089
Baulänge der durch die Kgl. Ung. Staatseisenbahnen verwalteten Lokaleisenbahnen	3466,505
	7040,915
Baulänge der durch die Kgl. Ung. Staatseisenbahnen mit besonderer Rechnungslegung verwalteten Eisenbahnen	66,691
Baulänge der unter Privatgebarung stehenden Privateisenbahnen	1411,5
Gesamtlänge des Eisenbahnnetzes	8519,106

Das Nominalanlagekapital der Kgl. Ung. Staatseisenbahnen und der durch sie verwalteten Lokaleisenbahnen und sonstigen Eisenbahnen be-

[1]) Ibidem 1926. Budapest 1928. (S. 64.)

[2]) Die auf den Schiffbestand und dessen Wert bezüglichen Angaben verdanken wir der Direktion der Königl. Ung. Fluß- und Seeschiffahrts-A.-G.

[3]) Hinsichtlich der Daten s.: „Stand und Geschäftsergebnisse der Kgl. Ung. Staatseisenbahnen im Geschäftsjahre 1926/27." Budapest 1928. (S. 5); weiter: „Ung. Stat. Jb." 1926. (S. 143.)

trägt 1762903060,35 P [1]). Nach Abzug der Kursverluste, resp. Emissionsspesen im Betrage von 155532453 P. beträgt das tatsächliche Anlagekapital 1607370607,35 P., so daß auf eine Kilometerlänge ein wirkliches Anlagekapital von 228287,26 P. entfällt. Bei Anwendung dieses Durchschnittes auf die Privat- und sonstigen Gesellschaftsbahnen in einer Länge von 1478191 km ergibt sich ein Kapitalwert von 337452173,15 P. Demnach beträgt das wirkliche Investitionskapital des 8519,106 km langen Gesamteisenbahnnetzes 1944822780,50 P.

Die Betriebseinnahmen des gesamten ungarischen Eisenbahnnetzes beliefen sich im Geschäftsjahre 1925/26 auf 305600960 P. (3,820012 Billionen Papierkronen), die Betriebsausgaben (bei dem zentralen und auswärtigen Dienst) auf 219293400 P. (2,741168 Billionen Papierkronen)[2]). Der Geschäftsreinertrag war 86307520 P. (1,078844 Billionen Papierkronen), dessen 25faches (Kapitalisierung zu 4%) einem Kapitalwerte von 2157689000 P. entspricht.

Für die Berechnung des wirklichen Ertragswertes bildet der Reinertrag eines einzigen Geschäftsjahres keine ausreichende Grundlage; bei ungarischen Eisenbahnen würde jedoch ein mehrjähriger Durchschnittsbetrag den Anforderungen noch weniger entsprechen, da infolge der Verstümmelung des Landes der Eisenbahnverkehr, hauptsächlich in internationaler Beziehung, sich nur allmählich entwickelte. Ein sehr bedeutender Teil der Verkehrsmittel gelangte in fremde Hand, auch haben die rumänischen Belagerungstruppen eine Menge Wagen und Lokomotiven erbeutet[3]), so daß der Eisenbahnverkehr mit dem bedeutend verminderten Kraftwagenpark keinen normalen Umfang annehmen konnte. Würden wir also die Berechnung auf Grund eines mehrjährigen Durchschnittes vornehmen und auch die wesentlich verminderten Ertragssummen der noch nicht entsprechend ausgestalteten Verkehrsjahre berücksichtigen, so würde das Ergebnis weit hinter dem wirklichen Werte zurückbleiben. Eine tadellose Berechnung des Ertragswertes der Eisenbahnen kann dort erzielt werden, wo nach Beendigung des Eisenbahnbaues eine ganze Reihe von Betriebsjahren, ohne Tariferhöhungen, für günstige und ungünstige Jahre, bezüglich des gesamten Eisenbahnnetzes zur Verfügung steht.

Auf Grund obiger Auseinandersetzungen kann als Kapitalwert der Staats- und Privatbahnen der Durchschnitt des Anlagekapitalwertes und Ertragswertes = 2051255890,25 P. angenommen werden.

---

[1]) Zit. Staatseisenbahn-Geschäftsberichte S. 13.

[2]) Ung. Stat. Jb. 1926. (S. 147.)

[3]) S. über diese Frage eingehend Desider Laky: „Die volkswirtschaftlichen Schäden der Besetzung des heutigen Ungarns.“ Budapest 1923 (S. 373 u. ff.), wo ausgewiesen erscheint, daß der Schaden in Garnituren 7,2 Milliarden Kronen beträgt (= 912,960 Millionen Goldkronen).

Schließlich muß auch der Wert der städtischen und Gemeindeeisenbahnen geringerer Ordnung in einer Länge von 257,7 km ermittelt werden[1]). Die Budapester Straßenbahnen haben eine Bahnlänge von 184,1 km[2]). Das investierte Kapital dieser acht Straßenbahngesellschaften beträgt amtlichen Ausweisen gemäß[3]) — 11520544 P., demnach pro Kilometer 62577 P.; diesen Durchschnitt auf das übrige, insgesamt 73,6 km lange Straßenbahnnetz angewandet, ergibt sich als dessen Investierungskapital ein Betrag von 4605667,20 P. Der investierte Kapitalwert der im Lande befindlichen städtischen und Gemeindestraßenbahnen beträgt somit 16126211,20 P.

Der Wert der gesamten Eisenbahnen Ungarns (Staats-, städtische, Gemeinde- und Privatbahnen) beläuft sich auf 2067382101,45 P.

5. Den Verkehrsmitteln schließen sich noch die Post, der Telegraph und das Telephon an. Wenn wir Post, Telegraph, Telephon und den auf Grund § 24 des G. A. IX. v. J. 1925 ins Leben gerufenen Radiodienst als ausschließlich staatliches Recht zur Beförderung gewisser Gegenstände, bzw. Nachrichten und Vorträge betrachten, so sind das Post-, Telegraph-, Telephon- und Radioregale — ebenso wie alle sonstigen auf einer rechtlichen Einschränkung des Binnenverkehrs beruhenden Verhältnisse — privatwirtschaftlich zwar wertvolle Erwerbsmittel, können aber vom volkswirtschaftlichen Gesichtspunkte aus nicht als Elemente des Volksvermögens in Betracht gezogen werden. Als eine ständige Organisation und gewisse Einrichtungen beanspruchende Institution, welche einen wirklichen Kapitalwert repräsentiert, sind jedoch dieselben in das Inventar des Nationalvermögens einzustellen.

Nach Stabilisierung der Währung gestalteten sich die Tarifsätze der Post etwa auf der Höhe des Friedensniveaus. Allmählich wurden die Transportmittel der Post — welche teils während des Krieges und der Revolutionen zugrunde gingen, teils aber gelegentlich der rumänischen Besetzung erbeutet wurden — ersetzt.

Die ordentlichen Einnahmen der in ärarischer Verwaltung befindlichen Post, Telegraph und Fernsprecher beliefen sich im Geschäftsjahre 1926/27 auf 84950917,13 P., wovon nach Abzug der ordentlichen Ausgaben im Betrage von 77117983,89 P. ein reiner Überschuß von 7832933,24 P. verbleibt[4]), was bei einer Kapitalisierung zu 4% einem Kapitalwerte von 195823331 P. entspricht.

---

[1]) Ung. Stat. Jb. 1926. (S. 142.)

[2]) Budapester Hauptstädtisches Statistisches und Verwaltungs-Jahrbuch. 1928. (S. 522.)

[3]) Ibidem S. 522.

[4]) Bericht des Kgl. Ung. Obersten Rechnungshofes zu dem Rechenschaftsberichte für das Finanzjahr 1926/27 des Ungarischen Staates. Budapest 1928. (S. 172.)

6. Zu den Verkehrsmitteln zählen schließlich auch die Kraftfahrzeuge, welche sich — obzwar sie auf dem Gebiete des Verkehrs in Ungarn bei weitem nicht zu einer solchen Bedeutung gelangten als in den westlichen Staaten — so rapid verbreiteten, daß sie nun schon einen zu berücksichtigenden Kapitalwert repräsentieren.

Der Wert der Kraftfahrzeuge kann — auf Grund zuverlässiger, detaillierter, amtlicher Daten — mit annähernder Genauigkeit festgestellt werden. Nach dem Stande vom 31. Dezember 1927 gestaltete sich der Stand und Wert der Kraftfahrzeuge wie folgt[1]):

	Stück	Durchschnittswert	Gesamtwert
		Pengö	Pengö
Personenautomobile	8155	10540	85953700
Mietsautomobile	1104	9500	10488000
Autobusse	372	18000	6696000
Lastwagen	2886	15000	43290000
Sonstige Kraftfahrzeuge	484	15000	7260000
Automobile	13001	11820	153687700
Motorräder	4905	1930	9470000
Gesamter Kraftfahrzeugbestand	17906	—	163157700

Der Gesamtwert des Kraftfahrzeugbestandes von 163,157 Millionen Pengö kann aber nicht in die Bilanz des Volksvermögens eingestellt werden, nachdem dieser Betrag den Wert der gesamten Kraftfahrzeuge in neuem Zustande repräsentiert, wogegen der Gesamtbestand nicht nur neue, sondern auch in verschiedenem Maße abgenutzte Stücke enthält. Die Frage ist nun, wieviel Prozent des Verkaufs- resp. Anschaffungspreises als tatsächlicher Wert anzunehmen ist. Fachgutachten gemäß[2]) beträgt die Lebensdauer eines Kraftfahrzeuges durchschnittlich sieben Jahre; der jährliche Abnutzungskoeffizient, die jährliche Entwertungsquote ist

[1]) Hinsichtlich der Daten s.: Ung. Stat. Jb. 1926. Budapest 1928 (S. 140—142 u. 334); Ung. Stat. Rundschau 1928 (S. 201 u. ff.); Dr. Johann Varszeghys „Der Kraftfahrzeugbestand Ungarns" betitelten inhaltsvollen Artikel. Die Durchschnittswerte einiger Gattungen des Automobilbestandes verdanken wir den fachgemäßen Feststellungen des Generaldirektors der Ungarischen Allgemeinen Maschinenfabriks-A.-G., Herrn Dr. Georg Horovitz, der für Zwecke des statistischen Wertfeststellungskomitees den Wert der österreichischen, deutschen, französischen, italienischen, amerikanischen und ungarischen Wagen, nach den einzelnen Automobilgattungen gesondert, pro Stück festgestellt hat. Die obigen gewogenen Durchschnittswerte erscheinen daher als Verkaufswerte.

[2]) Daten des Herrn Generaldirektors Dr. Georg Horovitz, welche Herr Otto Titus Bláthy, Ehrenmitglied der Ungarischen Akademie der Wissenschaften, bekräftigt.

somit 14%. Die Entstehung des Kraftfahrzeugbestandes vom Jahre 1927 kann aus den amtlichen statistischen Daten genau festgestellt werden[1]):

	Personen- und Miets-Automobile	Last- und sonstige Automobile	Motorräder
Stand im Jahre 1921	2184	380	161
Zunahme im Jahre 1922 . . .	158	151	269
„ „ „ 1923 . . .	736	190	220
„ „ „ 1924 . . .	949	247	320
„ „ „ 1925 . . .	916	504	492
„ „ „ 1926 . . .	1769	1107	1479
„ „ „ 1927 . . .	2547	1163	1921
Stand Ende 1927	9259	3742	4905

Der Stand vom Jahre 1921 verlor innerhalb sieben Jahren, demnach bis 1927, 100% seines Wertes; die Zunahme vom Jahre 1922 verlor 86%, die Zunahme vom Jahre 1923 72%, die Zunahme vom Jahre 1924 58% ihres Wertes und so weiter, so daß auch von dem der Zunahme vom Jahre 1927 entsprechenden Werte der Kraftfahrzeuge bis zum Jahresende 14% abzuschreiben sind. Auf Grund dieser Berechnung entspricht der tatsächliche Wert des Kraftfahrzeugbestandes bei Personen- und Mietsautomobilen 49,5% des Wertes der in neuem Zustande befindlichen Automobile und 58% desselben bei den Last- und sonstigen Automobilen. Bei den Kraftfahrzeugen ist aber nicht nur die technische Abnutzung zu berücksichtigen, denn die rasche Anwendung der technischen Errungenschaften und die Einführung der fortwährenden Neuerungen motiviert auch solche Abschreibungen, welche infolge der Ausmusterung von noch nicht ganz verbrauchten Kraftfahrzeugen notwendig sind. Demzufolge sind für Veraltung der Typen von dem tatsächlichen Werte weitere 10% in Abzug zu bringen, wo sich dann als tatsächlicher Wert der Personen- und Mietautomobile 42964777,35 P., der Last- und sonstigen Automobile 29882412 P. ergeben. Die Lebensdauer der Motorräder mit vier Jahren angenommen, verlor der aus 970 Stück bestehende Stand vom Jahre 1924 100%, die Zunahme vom Jahre 1925 75%, diejenige vom Jahre 1926 50% ihres Wertes und auch von der Zunahme im Jahre 1927 sind 25% abzuschreiben. Demnach beträgt der wirkliche Wert 49,13% des Anschaffungswertes der Motorräder, somit 4652611 P.

Der wirkliche Wert der gesamten Kraftfahrzeuge beträgt 77499800 P.

Der Gesamtwert der Verkehrsmittel des heutigen Ungarn beträgt:

---

[1]) Ung. Stat. Rundschau 1928. (S. 202.)

Öffentliche Straßen	331537860 P.
Brücken	63473760 „
Wasserstraßen und Schiffbestand	185717757 „
Eisenbahnen	2067382101 „
Post, Telegraph, Telephon	195823331 „
Kraftfahrzeuge	77499800 „
Verkehrsmittel zusammen	2921434609 P.

Der Wert der Verkehrsmittel der Länder der ungarischen heiligen Krone beträgt 5797322352 Kronen, wogegen der Wert der auf dem dem heutigen Ungarn entsprechenden Gebiete befindlichen Verkehrsmittel sich vor dem Kriege auf 2125021866 Kr. belief[1]). Der sich gegenüber dem Ungarischen Reiche in Verkehrsmitteln ergebende große Verlust ist hauptsächlich darauf zurückzuführen, daß mehr als $^3/_5$ des Eisenbahnnetzes auf das abgetrennte Gebiet entfielen, weiter, daß mehr als $^2/_3$ der große Investitionen erfordernden Wasserstraßen verloren gingen, zusammen mit den zwei Kanälen des Landes. Hingegen ist die unwesentliche Erhöhung des Wertes der Verkehrsmittel auf dem dem heutigen Ungarn entsprechenden Gebiete auf den in die Bilanz des Volksvermögens als neue Posten eingestellten Schiffbestand und die Kraftfahrzeuge und die in die Wasserstraßen, hauptsächlich im Zusammenhange mit dem Baue des Budapester Handelshafens vorgenommenen Investitionen zurückzuführen.

Der Verlust der Länder der ungarischen heiligen Krone und die Bereicherung der Sukzessionsstaaten an Verkehrsmitteln, ohne jede Gegenleistung, entspricht, in Vorkriegswert berechnet, 3672300486 Goldkronen.

5. Die Mobilien.

Der schwierigste Punkt der Schätzung des Volksvermögens ist die Feststellung des Wertes des beweglichen Vermögens. Mit Hilfe der objektiven Methode erscheint die Feststellung des Wertes des beweglichen Vermögens deshalb so schwer, weil die verschiedensten, der Produktion und dem Verbrauche dienenden wirtschaftlichen Güter, die Vorräte und Betriebsmittel der Landwirtschaft, der Industrie und des Handels, das Bargeld, die Hausgeräte, alle Arten von Möbeln, Kleider und Wäsche, Schmuckgegenstände und andere Kostbarkeiten, die Sammlungsgegenstände, Bibliotheken, also die Schätzung aller solcher Güter in diese Gruppe gehört, welche sich der Inventarisierung entziehen, da dieselben bestim-

[1]) F. Fellner: „Das Volksvermögen Österreichs und Ungarns." Wien 1913. (S. 32); weiter von demselben Verfasser: „Die Verteilung des Volksvermögens und Volkseinkommens der Länder der ungarischen heiligen Krone zwischen dem heutigen Ungarn und den Sukzessionsstaaten." Metron. Ferrara 1923. (S. 252.)

mungsgemäß innerhalb der Wirtschaften und Haushaltungen verwendet werden und nicht jedermann offen vorliegen, wie der Grundbesitz und die Gebäude. Aus diesem Grunde ist die Zahl der Liegenschaften sowie deren Ausmaß und Größe, mit einem Worte: sind die quantitativen Verhältnisse derselben dem Statistiker bekannt und verursacht somit bloß die Ermittlung des Wertes derselben Schwierigkeiten, während bei der Schätzung des Mobiliarvermögens die Hauptschwierigkeit in der Ermittlung der Quantität der beweglichen Güter liegt. Der überwiegende Teil des Mobiliarvermögens bleibt dem Forscher stets verborgen. Diese außerordentliche Gliederung des beweglichen Vermögens würde die Schätzung der Mobiliarien unlösbar machen, wenn nicht die Versicherungsstatistik Anhaltspunkte zu der Ermittlung des Wertes bieten würde. Je genauer und detaillierter die Versicherungsstatistik ist, ein um so verläßlicheres Ergebnis kann erreicht werden, weil hierdurch das Betreten der Konjekturalstatistik vermieden werden kann.

Zur Lösung unseres Problems ist vor allem festzustellen, wie hoch der Wert der versicherten Mobilien bei sämtlichen (also sowohl bei den inländischen als auch bei den ausländischen) Versicherungsgesellschaften ist.

Gemäß den Daten der amtlichen Feuerschadenstatistik betrug im heutigen Ungarn am Ende des Jahres 1926 der gesamte versicherte Betrag gegen Brandschaden 11993952872 P.[1]). In diesem Betrage ist nicht nur der versicherte Wert der Gebäude, Mobiliarien und Getreidearten, sondern auch derjenige der Fabrikanlagen nebst Ausrüstungen und Vorräten enthalten, wie auch der Wert der landwirtschaftlichen Pauschalversicherung. Um den Wert der versicherten Mobiliarien feststellen zu können, muß von diesen 11,993 Milliarden Pengö der auf die Gebäude und Fabriken, das ist auf die Immobilien, entfallende Wert ausgeschieden werden. Gemäß der Feuerschadenstatistik entfielen von dem erlittenen Schadenbetrage 60,02% auf Mobilien und 39,98% auf Liegenschaften[2]). Dieses Verhältnis auf sämtliche beweglichen und unbeweglichen Werte angewendet, kann festgestellt werden, daß von den 11,993 Milliarden P. 7198770513,77 P. auf die versicherten beweglichen Güter entfallen.

Selbst dort, wo die Feuerversicherung obligatorisch ist, repräsentiert der Wert der gesamten Mobiliarversicherung nicht sämtliche Mobiliarelemente des Volksvermögens, um so weniger im heutigen Ungarn, wo mangels einer obligatorischen Versicherung viele Mobilien nicht versichert sind. Feuerfeste, leicht rettbare, schwer zu schätzende Gegenstände können

[1]) Somit 149924410,9 Millionen Kronen. (Ung. Stat. Jb. 1926. Budapest 1928. S. 204.)

[2]) Von der 171,194 Milliarden Kronen betragenden Feuerschadensumme waren nämlich 102,753 Milliarden Kronen Mobiliarschaden. (Ibidem S. 210.)

überhaupt nicht versichert werden oder nicht bis zu ihrem vollen Werte. Geschäftsleute versichern ihre Vorräte oft nur bis zu einer gewissen Grenze, indem sie einen Teil des Risikos selbst auf sich nehmen. Bei den meisten Versicherungsgesellschaften können Barschaften, Wertpapiere und Pretiosen nicht versichert werden, Kunstgegenstände nur bis zu mäßigen Grenzen. Ein großer Teil des Viehbestandes, wie auch die in den Kellern und feuerfesten Räumen verwahrten Vorräte sind sehr häufig nicht versichert.

Demzufolge bedeuten die als Wert der versicherten beweglichen Güter gewonnenen 7,198 Milliarden Pengö nicht den wirklichen Gesamtwert der Mobilien, welcher weit hinter diesem Werte zurückbleibt. Die versicherten und nicht versicherten Mobilien zusammen ergeben das gesamte bewegliche Vermögen; die Frage ist nun, wie sich die versicherte Menge der beweglichen Güter zu der nicht versicherten verhält. Dies kann aus der Schadenersatzversicherungsstatistik festgestellt werden, und zwar auf Grund der durch die Versicherungsgesellschaften vergüteten Mobiliarverluste. Es kann nämlich vorausgesetzt werden, daß der Gesamtwert der versicherten Mobiliarien sich zu dem Gesamtwerte der nicht versicherten beweglichen Güter so verhält wie der Wert der Feuerschäden in versicherten Mobiliarien zu dem Werte der Feuerschäden in nicht versicherten Mobiliarien. Mit anderen Worten ist vorauszusetzen, daß von dem gesamten beweglichen Volksvermögen so viel Prozent versichert sind als wie viel Prozente von dem gesamten Mobiliarschaden auf die Schadensumme in versicherten Mobilien entfallen. So kann der Wert der nicht versicherten Mobilien berechnet werden, was zusammen mit dem bekannten Werte der versicherten Mobilien, das gesamte bewegliche Volksvermögen ergibt. Auf Grund der amtlichen Daten, betreffend die Feuerschadenstatistik[1]), betrug der in den versicherten Mobilien durch Feuer verursachte Schaden 5896800 P., wogegen das Feuer in den nicht versicherten beweglichen Gütern 2323600 P. Schaden machte. Es kann daher, da der Wert sämtlicher versicherter Mobilien im Betrage von 7198770513 P. bekannt ist, der Wert der nicht versicherten Mobilien aus folgender Formel festgestellt werden:

$$7198770513 : X = 5896800 : 2323600.$$

Demnach ist der nicht versicherte Mobiliarwert (X) = 2819675600 P., was zuzüglich des oben gewonnenen versicherten Mobiliarwertes von 7,198 Milliarden P. den 10018446113 P. betragenden Versicherungswert

[1]) Von dem gesamten Mobiliarschaden im Betrage von 102,753 Milliarden Kronen entfielen 73,710 Milliarden Kronen auf die Schäden in versicherten und 29,043 Milliarden Kronen auf solche in nicht versicherten Mobiliarien. (Ibidem S. 210.)

des beweglichen Nationalvermögens ergibt; doch ist dieser Betrag niedriger als der wirkliche Wert, wenn in Betracht gezogen wird, daß der Versicherungswert in der überwiegenden Zahl der Fälle hinter dem vollen Werte des beweglichen Eigentums zurückbleibt, daß ferner die in feuerfesten Räumen verwahrten Güter weder in dem Werte der versicherten beweglichen Güter vorkommen, da dieselben nicht versichert sind, noch in den Schadenbeträgen, da sie vom Feuerschaden verschont blieben. Den Versicherungswert zwecks Ermittlung des wirklichen Wertes mit 5% mäßig erhöht, ergibt sich als wirklicher Wert des beweglichen Vermögens ein Betrag von 10519368418 P.

Daß dieser bewegliche Gesamtwert von 10,519 Milliarden Pengö den wirklichen Wertverhältnissen entspricht, wird daraus ersichtlich, wenn wir die größeren Gruppen der Mobiliarvermögen betrachten, über die wir unmittelbare und amtliche Wertangaben besitzen.

Nach der im Frühling des Jahres 1927 durchgeführten Nutzviehzählung gab es im heutigen Ungarn[1]):

Viehbestand	Stückzahl	Wert in Pengö
Rinder	1805438	668742715
Pferde	903326	423591375
Schweine . . .	2386664	409152386
Schafe	1610716	35241121
Ziegen	36418	648947

Viehstand: 6742562 Stück im Werte von 1537376544 Pengö.

Der Gesamtwert des Viehbestandes (lebender fundus instructus) beträgt somit 1537376544 P. Die starke Zunahme der westlichen Rinderart gegenüber den minderwertigen ungarischen Rindern, welcher Prozeß nach der Viehzählung im Jahre 1895 stets größere Dimensionen annahm, setzte sich auch nach der im Jahre 1911 durchgeführten Viehzählung fort. Die so erscheinende Werterhöhung wurde durch die starke Abnahme des Ochsenbestandes paralysiert, was dem Umstande zuzuschreiben ist, daß der Ochse als Zugkraft mit der Verbreitung der maschinellen Produktion und des maschinellen Betriebes in der Landwirtschaft wesentlich in seiner Bedeutung einbüßte.

Den Wert des landwirtschaftlichen toten Fundus instructus haben wir teils aus den auf die Dampfdreschmaschinen und auf die sonstigen Heißmotor- und Haspeldreschmaschinen, weiterhin aus den auf die Pflugmaschinen bezüglichen unmittelbaren statistischen Daten festgestellt, teils aber durch Vergleichung der Ergebnisse der im Jahre 1895 durchgeführten, sich auch auf die landwirtschaftlichen Maschinen und Geräte erstreckenden

[1]) Die näheren Daten s. in der Tabelle Nr. III

landwirtschaftlichen statistischen Aufnahme mit den heutigen Verhältnissen.

Die Zahl der Pflugmaschinengarnituren betrug in Ungarn am Ende des Jahres 1925 549 Stück[1]), im Werte von 53756000 P., wovon für den Wertverminderungskoeffizienten ein 36,3% entsprechender Betrag, somit 19502668 P. abzuschreiben ist, so daß als tatsächlicher Wert 34253332 P. angenommen werden können.

Die Zahl der Dampfdreschmaschinen, sonstigen Heißmotor- und Haspeldreschmaschinen betrug in Ungarn am Ende des Jahres 1926 24385[2]) im Werte von 203883350 P., wovon für den Wertverminderungskoeffizienten 48,4%, das sind 98679541 P. abzuschreiben sind, so daß für den wirklichen Wert 105203809 P. angenommen werden können[3]).

Als Wert der sonstigen landwirtschaftlichen Maschinen, Arbeitsgeräte und Werkzeuge stellen wir 381862950 P. ein; die in diese Gruppe gehörenden Elemente des toten Fundus instructus sind, ohne Abzug eines Wertverminderungskoeffizienten aufzunehmen, nach dem die kleineren landwirtschaftlichen Werkzeuge und Geräte stets in gutem Zustand zu halten und nötigenfalls zu ersetzen sind, weshalb eine Herabsetzung deren Anschaffungspreises unter dem Titel einer Abnutzung nicht gerechtfertigt erscheint[4]).

---

[1]) Hinsichtlich der Daten s. die Abhandlung Julius v. Konkoly-Theges: „Die Verbreitung der Pflugmaschinen in Ungarn." (Ung. Stat. Rundschau 1926. Nr. 7, S. 431.) Den tatsächlichen Wert haben wir so festgestellt, daß wir als Durchschnittspreis der 536 Stück Doppelmaschinengarnituren pro Stück 100000 P., als den Durchschnittspreis der 13 Stück Einzelmaschinengarnituren aber 12000 P. angenommen haben. Mit Rücksicht darauf, daß die Dauer der Betriebsfähigkeit der Dampf-Pflugmaschinen durchschnittlich 30 Jahre beträgt, 44,62% der 549 Stück Pflugmaschinen aber vor dem Jahre 1914, 21,90% von 1915 bis 1919 und schließlich 33,48% nach dem Jahre 1920 angeschafft wurden, müssen als Wertverminderungskoeffizient von den 44,62% des 53,756 Millionen Pengö betragenden Gesamtwertes der Pflugmaschinen 50%, von den 21,90% 33⅓% und von den 33,48% 20%, d. h. 19,502 Millionen Pengö abgeschrieben werden, welcher Durchschnitt einem 36,3proz. Wertverminderungskoeffizienten entspricht.

[2]) Ung. Stat. Jb. 1926. Budapest 1928. (S. 74.) Als den Durchschnittspreis der 9774 Stück Dampfdreschmaschinen haben wir pro Stück 19600 P., als den der 6616 Stück Heißmotordreschmaschinen 12200 P. und als den der 7995 Stück Haspeldresch maschinen 450 P. angenommen.

[3]) Die Gebrauchsdauer der Dampfdreschmaschinen beträgt durchschnittlich bloß 20 Jahre, weshalb der oben berechnete Wertverminderungskoeffizient von 36,3% um ein Drittel erhöht werden mußte.

[4]) Die detaillierte Bewertung der sonstigen landwirtschaftlichen Maschinen, Arbeitsgeräte und Werkzeuge ist folgende: 210000 Stück Handpflüge aus Eisen (à 90 P.) 18900000 P.; 630000 Stück Handpflüge aus Holz (à 45 P.) 28350000 P.; 420000 Stück Häckselmaschinen mit Handbetrieb (à 100 P.) 42000000 P.; 10760 Stück Häckselmaschinen mit Triebkraft (à 500 P.) 5380000 P.; 430760 Stück

Der Gesamtwert des landwirtschaftlichen toten Fundus instructus kann mit 521320081 P. angenommen werden.

Daß dieses Schätzungsergebnis den wirklichen Verhältnissen nahekommt, kann dadurch kontrolliert werden, daß wir das tote Inventar auf Grund der für das Besteuerungsverfahren gültigen Regeln bewerten. Im Sinne des § 4 der über die Bemessung der Einkommen- und Vermögenssteuer vom Jahre 1928 erlassenen Zirkularverordnung des Finanzministers[1]) sind als Wert der wirtschaftlichen (toten) Ausrüstung 6—12% des Wertes des betreffenden Grundbesitzes in Berechnung zu stellen. Als Grundlage der Vermögenssteuerbemessung für das Jahr 1928 dienten land- und forstwirtschaftliche Immobilien im Werte von 5081252820 P.[2]) von denen 9%, auf Grund des Durchschnittes der obigen Verhältniszahlen berechnet, den Steuerwert des wirtschaftlichen toten Inventars von 457312753 P. ergeben.

Auch das nach einer dritten Methode gewonnene Ergebnis bekräftigt unsere Schätzung. Hervorragende praktische Landwirte und Fachschriftsteller haben hinsichtlich des Betriebskapitalbedarfes mittelwertiger Grundbesitze allgemeingültige Regeln festgestellt. Demnach kann bei durchschnittlicher Bearbeitung der tote Inventarwert eines Katastraljochs durchschnittlich mit 37,5 Goldkronen berechnet werden[3]). Diesen Betrag auf den ganzen, 15222451 Kat.-Joch umfassenden Ackerboden des Landes generalisiert, ergibt sich als Wert des toten Inventars eine

---

Rübenschneidmaschinen (à 60 P.) 25845000 P.; 630000 Stück kleinere Sämaschinen (à 200 P.) 126000000 P.; 10760 Stück größere Sämaschinen (à 650 P.) 8070000 P.; 10760 Stück Maisabkörnungsmaschinen (à 100 P.) 1076000 P.; 850760 Stück Eggen (à 50 P.) 42538000 P.; 546000 Stück Fuhrwerke (à 120 P.) 65520000 P. Für sonstige kleinere Arbeitsgeräte, Werkzeuge, landwirtschaftliche Maschinen berechnen wir 5% der hier angeführten Werte, das sind 18183950 P. Die Stückzahl der landwirtschaftlichen Maschinen, Arbeitsgeräte und Werkzeuge haben wir mittels Vergleichung der in der landwirtschaftlichen Statistik (Landwirtschaftliche Statistik der Länder der ungarischen hl. Krone. IV. Bd. Budapest 1900. S. 57) ausgewiesenen Stückzahlen und der Zahl der einzelnen Grundbesitzkategorien mit derjenigen der Klein-, Mittel- und Großgrundbesitze des heutigen Ungarn festgestellt.

[1]) Zirkularverordnung des kgl. ung. Finanzministers Nr. 13500 v. J. 1928 in Angelegenheit der Bemessung der Einkommen- und Vermögenssteuer v. J. 1928. („Budapesti Közlöny" Nr. 21 vom 26. Januar 1928.)

[2]) Gemäß der gütigen Mitteilung des Staatssekretärs im Finanzministerium Dr. Emerich v. Vargha.

[3]) Gemäß den Daten des Herrn Universitätsprofessors Béla Reichenbach beträgt der Wert des auf ein Katastraljoch entfallenden toten Inventars:

bei extensiver Betriebsweise	20—30	Goldkronen,
„ mittelmäßiger Betriebsweise . . .	30—45	„
„ intensiver Betriebsweise	45—60	„

was pro Joch 37,5 Kr. = 43,44 P. entspricht.

Summe von 661263271 P. Die mittlere Proportionale von 559288012 P. des zu niedrigen Steuerwertes des toten Inventars und des durch die Wissenschaft und Praxis notwendig erachteten toten Inventarwertes kommt dem oben ausgewiesenen Werte des landwirtschaftlichen toten Betriebskapitals von 521320081 P. nahe, welch letztere Summe in die Bilanz des Volksvermögens eingestellt werden kann.

Der Getreide- und Maisvorrat des heutigen Ungarn von 7,4 Millionen Meterzentnern kann anläßlich der Ernte vom Jahre 1927 mit 217575000 P. angenommen werden[1]).

Im heutigen Ungarn kann das lebende und tote Inventar, des weiteren der Wert des Erntevorrates mit insgesamt 2276271625 P. angenommen werden[2]).

Wir besitzen amtliche Daten über die bei den Fabriken, Industrieanlagen und sonstigen Unternehmungen aufgehäuften Material- und Warenvorräte, wo bei den im heutigen Ungarn befindlichen 1559 Aktiengesellschaften und sonstigen Aktiengesellschaftsunternehmungen der Material- und Warenvorrat im Jahre 1926 mit 524896320 P. in die Bilanz aufgenommen ist[3]). Über die Vorräte der einzelnen Personen gehörenden

---

[1]) Der Vorrat und der jährliche Durchschnittspreis der Getreidearten auf Grund der Notierungen der Budapester Waren- und Effektenbörse war pro Meterzentner:

	Millionen Meterzentner	Durchschnittspreis vom Jahre 1927 Pengö	Gesamtwert Millionen Pengö
Weizen	4,60	31,88	146,648
Roggen	1,20	27,83	33,396
Gerste	0,70	24,43	17,101
Hafer	0,30	23,30	6,990
Mais	0,60	22,40	13,440
			217,575

Hinsichtlich der Menge der Vorräte s.: „Die landwirtschaftliche Ernte des Landes im Jahre 1927.“ Hrsg. von dem kgl. ung. Ackerbauminister. Budapest 1927. (S. 183.) Die Daten der Durchschnittspreise verdanken wir dem Kgl. Ung. Stat. Zentralamte.

[2]) Eine interessante Erscheinung ist, daß, während im heutigen Ungarn das lebende Inventar beiläufig das Dreifache des Wertes des toten Inventars ausmacht, das lebende Inventar in den Ländern der ungarischen heiligen Krone fast siebenmal größer war als der tote Fundus instructus. Dies ist ein Zeichen dafür, wie sehr sich die Bedeutung der landwirtschaftlichen Maschinen gegenüber der tierischen Zugkraft erhöhte.

[3]) Ung. Stat. Jb. 1926. Budapest 1928. (S. 107 u. 110.) Der Materialvorrat beträgt bei den Aktiengesellschaften 1983785 Millionen Kronen, der Warenvorrat 4577419 Millionen Kronen, somit insgesamt 6561204 Millionen Kronen, wovon auf die Industrieunternehmungen 5080702 Millionen Kronen entfallen (406458160 P.)

Industrieunternehmungen besitzen wir keine Daten. Über die Vorräte sämtlicher Industrieunternehmungen könnten wir daher nur annäherungsweise Rechenschaft geben. Auf eine Industrie-Aktiengesellschaft entfällt durchschnittlich ein Material- und Warenvorrat im Werte von 260717 P. Wenn für die Industrieunternehmungen einzelner Personen, welche gewöhnlich Industrieanlagen kleineren Umfanges sind, durchschnittlich der vierte Teil der Vorräte berechnet wird, wäre der Vorrat der 1077 Industrieunternehmungen einzelner Personen[1])

$$\left(\frac{260717}{4} \times 1{,}077\right)$$

gleich 70198052 P., was zusammen mit den oben ausgewiesenen 524,896 Millionen Pengö einen gesamten Material- und Warenvorrat aller Industrie- und sonstigen Unternehmungen von 595094372 P. ergibt.

Einen wichtigen Bestandteil des Mobiliarvermögens bildet der Edelmetallgeldvorrat des Landes, welcher aus Goldmünzen, Goldbarren, ausländischen und Handelsmünzen, Edeldevisen und Valuten, geprägtem und ungeprägtem Silber besteht und sich auf 361822290 P. beläuft; hiervon entfallen auf die Ungarische Nationalbank 311709938 P.[2]), auf den Valuten- und Devisenvorrat der Kreditinstitute hingegen 47915152 P., auf den fremden Geldbestand der sonstigen Aktiengesellschaften aber 2197200 P.

Bei einer weiteren Analyse des beweglichen Vermögens von 10,519 Milliarden P. müssen wir schon den schwankenden Boden der Konjekturalstatistik betreten. Auf alle Arten von Hausgeräten, Mobilien, Kleidern, Wäscheartikeln, Pretiosen, Kunstgegenständen usw. entfallen 1562276000 P., wenn wir auf die 1952845 Haushaltungen[3]), also für jede Familie im Durchschnitte 800 P. berechnen, wogegen die von dem gesamten Mobiliarwerte solcher Art noch verbleibenden 5723904131 P. auf das Vermögen des Staates, der Städte und Gemeinden in Geräten, Materialien und Requisiten, auf die in den verschiedenen Geschäftslokalitäten vorhandenen Warenvorräte, auf die in Kirchenschätzen, Museen, Bildergalerien, Bibliotheken usw. angehäuften Werte entfallen. Die Zerlegung des beweglichen Vermögens in solche Bestandteile kann als eine Gegen-

---

[1]) Ibidem S. 28.

[2]) IV. ord. Sitzung der Generalversammlung der Ung. Nationalbank vom 6. Februar 1928. Budapest 1928. (S. 4.) Weiter zit. Ung. Stat. Jb. 1926. (S. 110 und 177.)

[3]) Anläßlich der Volkszählung im Jahre 1920 wurden 1828264 Haushaltungen gezählt, bei einer Seelenzahl von 7980143. Die berechnete Bevölkerung bestand Ende des Jahres 1927 aus 8525725 Seelen und hat sich die Zahl der Haushaltungen im Verhältnis der Zunahme der Bevölkerung auf 1952845 erhöht. (Volkszählung vom Jahre 1920. V. Teil. Budapest 1928. [S. 5.] Weiterhin Ung. Stat. Jb. 1926. [S. 8 und 331.])

probe betrachtet werden, denn dieselbe zeigt mit Hilfe von Angaben anderer Natur, daß das mit der Versicherungsstatistik gewonnene Ergebnis der Wirklichkeit nahekommt.

Die Wertpapiere können — bei der nach der objektiven Methode durchgeführten Schätzung — als Bestandteile des Mobiliarvermögens nicht in Betracht kommen; diese repräsentieren nur die Werte, ohne dieselben zu verkörpern; sie sind an und für sich keine Güter, sondern bedeuten nur einen Anspruch auf solche. Demzufolge sind dieselben bloß aus privatwirtschaftlichem, nicht aber aus volkswirtschaftlichem Gesichtspunkte Vermögensobjekte. Wenn ein Wertpapier vernichtet wird, so ist dies vom privatwirtschaftlichen Gesichtspunkte aus ein Verlust, nicht aber vom volkswirtschaftlichen Gesichtspunkte aus, da in dem Bestande des Volksvermögens hierdurch keine Änderung eintritt. Und zwar aus dem Grunde nicht, weil das Wertpapier wohl eine Forderung für seinen Besitzer bedeutet, doch gleichzeitig eine Schuld des Ausstellers ist. Die Vernichtung des Wertpapieres bedeutet einen Verlust für seinen Besitzer, da hierdurch auch seine Forderung erlischt; gleichzeitig aber einen Gewinn für den Aussteller, da er keine Schuld mehr hat. Das heißt; bei den Wertpapier ensteht immer eine Forderung einer Schuld gegenüber; beide heben sich gegenseitig auf.

Nicht so bei den ausländischen Wertpapieren. Wenn ein im Besitze eines Inländers befindliches ausländisches Wertpapier vernichtet wird, so bedeutet dies nicht bloß einen Verlust für den Besitzer, also für das Privatvermögen, sondern es ist auch ein Verlust für das Volksvermögen, da die ausländischen Effekten einen Anspruch, ein Forderungsrecht auf auswärtige Güter bedeuten. Es bilden daher auch die Kapitalforderungen an Ausländer Bestandteile des Nationalvermögens, während die Forderungen von Inländern untereinander keinen Gegenstand des Volksvermögens bilden. So sind zum Beispiel die Spareinlagen nicht in Berechnung zu ziehen, da diese zwar für den Einleger ein Vermögenselement bilden, gleichzeitig jedoch auch eine Verbindlichkeit des die Einlagen verwaltenden Institutes darstellen; die im Auslande plazierten Einlagen hingegen sind sowohl aus privatwirtschaftlichem wie auch aus volkswirtschaftlichem Gesichtspunkte Vermögenselemente, da dieselben dem Auslande gegenüber eine Forderung bedeuten. Die im heutigen Ungarn angelegten Einlagen von Ausländern bedeuten jedoch eine Schuld des Landes, bilden somit einen Abzugsposten von dem Volksvermögen, ebenso auch die in ausländischen Händen befindlichen ungarischen Wertpapiere. Desgleichen dürfen z. B. auch die durch ungarische Institute emittierten Pfandbriefe nicht berücksichtigt werden, welche gleichzeitig eine Schuld des emittierenden Institutes bedeuten, da der volle Wert der als Hypothek dienenden Grundbesitze und Gebäude in das Inventar des Volksvermögens eingestellt wurde, die Aufnahme des Wertes der Pfandbriefe in die Vermögensbilanz somit eine Doppelberechnung ergeben würde.

Ebenso wie es berechtigt war, auf Grund der Erbschaftsdaten den Wert der landwirtschaftlichen Immobilien mit einer speziellen Methode zu ermitteln, könnten wir auch die Schätzung des Mobiliarvermögens mit Hilfe der auf die beweglichen Erbschaften bezüglichen Daten versuchen, wenn dies — mit Rücksicht auf die Natur der uns zur Verfügung stehenden Daten — nicht aussichtslos wäre.

Der Wert der im heutigen Ungarn im Jahre 1927 von Todes wegen in neuen Besitz übergegangenen und einer auf Todesfall lautenden Schenkungsgebühr unterzogenen Mobilien betrug 19442829 P.[1]), welcher Betrag als Erbschaftsannuität der Mobilien, multipliziert mit der Zahl der die wahrscheinliche mittlere Lebensdauer ausdrückenden Jahre, demnach mit 33,1725 Jahren[2]), den Wert der mit dem Aussterben einer Generation von Todes wegen ihre Besitzer wechselnden gesamten beweglichen Güter im Betrage von 644967245 P. ergibt. Dieses Ergebnis bleibt so weit hinter dem mit der objektiven Methode gewonnenen Werte von 10,519 Milliarden Pengö zurück, daß die Unbrauchbarkeit dieses Ergebnisses schon auf den ersten Blick wahrnehmbar wird. Eine nähere Untersuchung zeigt jedoch die Ursache dieser Erscheinung. Vor allem kann festgestellt werden, daß die den ganzen Nachlaß belastenden Schulden und sonstigen Lasten in erster Reihe aus dem beweglichen Nachlaß zu decken sind; die oben ausgewiesenen 19,442 Millionen Pengö repräsentieren somit nicht den Bruttowert des gesamten Mobiliarnachlasses, sondern nur die nach Abzug der den ganzen Nachlaß belastenden Gesamtschuld noch verbleibende Mobiliarerbschaft, sie sind demnach weit geringer als das jährlich Gegenstand der Vererbung bildende wirkliche Mobiliarvermögen. Aber selbst wenn die Höhe des gesamten Bruttomobiliarnachlasses bekannt wäre, würden die Daten den tatsächlichen Zustand nicht widerspiegeln. Es ist ja allgemein bekannt, daß der überwiegende Teil des beweglichen Nachlasses — behufs Vermeidung der Entrichtung der oft drückenden Erbschaftsgebühr — vor dem Fiskus verborgen wird. Es wäre demnach notwendig, zwecks Ersatzes der verheimlichten Mobiliarnachlässe das Mehrfache des Bruttomobiliarwertes zu nehmen, um zu dem wirklichen Werte des beweglichen Vermögens zu gelangen. Zu dem von Todes wegen ihren Besitzer wechselnden

[1]) Die Grundlage der Erbschaftsgebühr waren . . . . 257966039 P.
die Grundlage der Schenkungsgebühr waren . . . . 75920113 „
333886152 P.

wovon auf Immobilien 314443323 P. und auf Mobilien 19442829 P. entfielen. (Hinsichtlich der Daten siehe S. 14, 1. Fußnote der vorliegenden Arbeit.)

[2]) S. Tabelle I und S. 14 der vorliegenden Arbeit.

beweglichen Vermögen wäre auch noch das Mobiliarvermögen der juristischen Personen (Korporationen, Gesellschaften, Benefizien und Stiftungen, Städte, Gemeinden, Aktiengesellschaften, Genossenschaften usw.) hinzuzurechnen, da bei diesen eine Erbfolge nie eintritt, eine delatio hereditatis nie eintreten kann, die Mobilien der juristischen Personen also keiner Erbschaftsgebühr unterworfen sind, sondern statt dieser — wie bei den Immobilien ausführlich erörtert wurde — Gegenstand eines Gebührenäquivalentes bilden. Da jedoch — mit Rücksicht darauf, daß das Mobiliarvermögen der zur Zahlung eines Gebührenäquivalentes verpflichteten juristischen Personen zum überwiegenden Teile aus entwerteten Staatsschuld- und sonstigen Darlehensobligationen, Pfandbriefen, weiter aus Gebrauchsgegenständen (Möbeln, Ausrüstungen) besteht — der nach den beweglichen Vermögen zu bemessende Gebührenäquivalent aber unter den gegenwärtigen Verhältnissen einen mit den Manipulationsspesen nicht in Einklang stehenden geringen Ertrag liefern würde, hat § 25 des Gesetzartikels V vom Jahre 1927 den nach dem Mobiliarvermögen zu entrichtenden Gebührenäquivalent aufgehoben, weshalb wir über die einem Gebührenäquivalent unterzogenen beweglichen Werte nicht Rechenschaft geben können. Ebenso ist es auch nicht bekannt, welchen Wert die das Eigentum des Staates bildenden Mobilien repräsentieren, deren Wert durch die Staatsschlußrechnungen nicht ausgewiesen erscheint, obwohl auch diese Gruppe der Mobiliarien zu berücksichtigen wäre, da dieselbe weder einer Erbschaftsgebühr noch auch einem Gebührenäquivalente unterliegt. Aus all diesen Gründen nehmen wir als Wert des beweglichen Vermögens den auf Grund der Feuerschadenversicherungsstatistik ermittelten Wert von 10519368418 P. als Endergebnis an.

Das Mobiliarvermögen der Länder der ungarischen heiligen Krone betrug 13309570984 Kronen, wovon auf jenes Gebiet, welches das heutige Ungarn bildet, 6891296615 Kronen entfielen[1]). Der in dem beweglichen Vermögen wahrnehmbare große Verlust gegenüber den Ländern der ungarischen heiligen Krone ist in erster Reihe auf die in dem Viehstand eingetretene große Verminderung zurückzuführen, welche die qualitative Besserung nur teilweise auszugleichen vermochte. Wesentlich geringer ist auch der Erntevorrat des Landes, was auf den nach Deckung des inländischen Bedarfes verbleibenden kleineren Ernteüberschuß zurückzuführen ist. Auf dem dem heutigen Ungarn entsprechenden Gebiete hingegen zeigt der bewegliche Vermögenswert eine wesentliche Erhöhung. Dies ist zum kleineren Teile auf die Vermehrung der Rohmaterial- und Warenvorräte der Fabriken und Industrieanlagen zurückzuführen, was eine natürliche Folge der Industrialisierung des Landes ist, zum überwiegenden Teile

[1]) F. v. Fellners zit. Arbeiten S. 46 und bzw. S. 16.

ist diese Vermehrung aber nur eine scheinbare, indem die vorhandenen beweglichen Güter, der allgemeinen Preiserhöhung zufolge, in größerem Werte figurieren.

Der Verlust der Länder der ungarischen heiligen Krone und die Bereicherung der Sukzessionsstaaten an Mobiliarvermögen, ohne jede Gegenleistung, entspricht, in Vorkriegswert berechnet, 6418274369 Goldkronen.

6. Forderungen und Schulden gegenüber dem Auslande.

Auf die Höhe des Volksvermögens sind auch die dem Auslande gegenüber bestehenden Forderungen und Schulden von Einfluß. Um zu dem Wertbetrage des reinen Volksvermögens zu gelangen, sind die Forderungen gegenüber dem Auslande — als Bestandteile des Volksvermögens — hinzuzurechnen, dagegen die dem Auslande gegenüber bestehenden Schulden von dem Volksvermögen in Abzug zu bringen. Natürlicherweise sind die Forderungen, beziehungsweise Schulden von Inländern gegenüber Inländern unberücksichtigt zu lassen, nachdem die Forderungen und Verbindlichkeiten von Inländern untereinander sich — unter volkswirtschaftlichem Gesichtspunkte — gegenseitig decken. Diese sind bloß aus privatwirtschaftlichem Gesichtspunkte Vermögenselemente, auf die Höhe des Volksvermögens aber sind sie ohne Einfluß. Sie gehen von der einen Privatwirtschaft in die andere über, sind somit auf die Verteilung des Volksvermögens von Einfluß, nicht aber auf seine ziffermäßige Höhe.

Bei der Feststellung des Volksvermögens dürfen ausschließlich nur den Ausländern gegenüber bestehende Forderungen und Schulden von Inländern berücksichtigt werden.

1. Die Schulden des heutigen Ungarn gegenüber dem Auslande können zuverlässiger festgestellt werden als seine Forderungen. Hinsichtlich der Höhe des Betrages der Forderungen des Landes gegenüber dem Auslande besitzen wir, infolge der Natur der Sache, keine erschöpfenden und genauen Daten. Aber auch in Ermangelung jeglicher Daten kann festgestellt werden, daß ein so kapitalarmes Land wie das heutige Ungarn, welches seine nationale Produktion zum großen Teile mit Hilfe ausländischen Kapitals fortsetzt, nicht mit in Betracht kommenden Beträgen der Darlehensgeber des Auslandes sein kann. Dies ist aber nicht gleichbedeutend damit, als ob das Land nicht über ausländische Werte verfügen würde.

In dem Besitze der im heutigen Ungarn befindlichen Kreditinstitute, sowie der durch diese verwalteten Stiftungen und Fonds waren Ende 1927 ausländische Wertpapiere im Betrage von 40693875 P.[1]). Diese

[1]) Ung. Stat. Jb. 1926. Budapest 1928. (S. 190—191.) Der ausländische Wertpapierbestand vom Jahre 1926 ist mit 31050616 P. ausgewiesen. Die Daten vom Jahre 1927 verdanken wir dem Kgl. Ung. Statistischen Zentralamte.

Summe erschöpft jedoch keineswegs die Forderungen gegenüber dem Auslande, da sich auch bei Waisenkassen, in den Händen von Privaten usw., ausländische Wertpapiere befinden. Wenn wir unter diesem Titel nur den gleichen Betrag in Anrechnung bringen, so beläuft sich der ausländische Wertpapierstand des heutigen Ungarns auf 81387750 P.

Die ausländische Syndikatsbeteiligung der Budapester Banken beträgt 17341952 P., welcher Betrag als eine Forderung dem Auslande gegenüber erscheint[1]).

Den Forderungen gegenüber dem Auslande sind auch die im Auslande angelegten Spareinlagen und Kontokorrentforderungen von Inländern anzugliedern, hinsichtlich welcher wir mangels Daten nicht einmal annähernd Aufschluß geben können. Dieser Posten kann sicherlich kein unbedeutender sein, wenn in Betracht gezogen wird, daß nicht nur Private, sondern hauptsächlich auch Kreditinstitute und sonstige Unternehmungen über auf fremde Valuten lautende Forderungen verfügen.

Infolge der Zerstückelung der Länder der ungarischen heiligen Krone fallen die Fabrik- und Betriebsanlagen einzelner ungarischer Industrieunternehmungen auf besetztes Gebiet, befinden sich demnach im Auslande, und zwar ganz oder teilweise[2]). Hingegen bilden die Aktien dieser ungarischen Unternehmungen, welche sich zum überwiegenden oder aber zum bedeutenden Teile in ungarischen Händen befinden, teilweise das Eigentum von Ausländern. Von dem Gesamtwerte dieser Aktien sind so viel Prozent zu dem ungarischen Volksvermögen hinzuzurechnen, als Prozent der Anlagen sich im Auslande befinden, wobei jedoch von dem Gesamtwerte der Wert der im Auslande befindlichen Aktien in Abzug zu bringen ist. In die Rubrik der Forderungen gegenüber dem Auslande ist somit als aktiver Posten jener Teil des Kurswertes dieser Aktien einzustellen, welcher dem prozentualen Verhältnis des von den gesamten Anlagen der Unternehmungen auf das Ausland entfallenden Teiles entspricht, wogegen in die Rubrik der dem Auslande gegenüber bestehenden Schulden der Wert der im Auslande befindlichen Aktien einzustellen ist.

Auf Grund der von Interessenten und Fachkreisen gewonnenen Daten vorgenommenen Berechnungen kann als Forderung der im Auslande befindlichen Anlagen ungarischer Unternehmungen ein Wert von ca. 186807480 P. angenommen werden, welcher Betrag sich jedoch um den Wert der im Auslande befindlichen und — weiter unten — in die Rubrik

---

[1]) Ung. Stat. Jb. 1926. Budapest 1928. (S. 192.)

[2]) Solche Unternehmungen sind: die Beocsiner Zementfabriks Union A. G., Magnesit-Industrie A. G., Urikány-Zsilvölgyer Ungarische Kohlenbergwerks A. G., Union des usines et des exploitations forestières de Nasic, Ofa Holzindustrie A. G., Zürich, Brassoer Cellulosefabrik A. G., Zuckerfabrik A. G. Veliki-Becskerek usw.

der dem Auslande gegenüber bestehenden Schulden zu buchenden Aktienquote der bezüglichen Unternehmungen verringert.

Ein Teil des das Eigentum der ungarischen Vizinalbahnen bildenden Eisenbahnnetzes befindet sich — infolge der Zerstückelung des Landes — auf besetztem Gebiete, also im Auslande. Es ist offenkundig, daß der im Auslande befindliche Teil des Eisenbahnnetzes ungarisches Eigentum bildet, wenn die Prioritätsaktien in ungarischen Händen sind. Wenn hingegen ein Teil des Prioritätsaktienbestandes ausländischen Besitz bildet, so bedeutet dies ebenso einen Abzugsposten als jene in ausländischen Händen befindliche Prioritätsaktienmenge, welche von der Emission einer über ein inländisches Eisenbahnnetz verfügenden ungarischen Eisenbahngesellschaft herrührt. Demzufolge sind für den Wert des im Auslande befindlichen Eisenbahnnetzes der ungarischen Vizinalbahnen — als einer dem Auslande gegenüber bestehenden Forderung des Landes — von dem Werte des Prioritätsaktienbestandes so viel Prozent in Berechnung zu ziehen, als Prozent des Eisenbahnnetzes sich im Auslande befinden. Hingegen ist in die dem Auslande gegenüber bestehenden Verbindlichkeiten der in ausländischem Besitze befindliche ungarische Vizinalbahn-Prioritätsaktienbestand einzustellen.

Die Länge der auf ausländischem (besetztem) Gebiete befindlichen Linien der ungarischen Vizinalbahnen beträgt 3441 km, ihr Wert 87251687 P.[1]).

Die Forderung des heutigen Ungarn gegenüber dem Auslande kann mit 370893470 P. ausgewiesen werden.

Die Forderung der Länder der ungarischen heiligen Krone dem Auslande gegenüber betrug 192254152 Kronen[2]). Die Forderung des heutigen Ungarn dem Auslande gegenüber ist somit wesentlich größer. Dies bedeutet aber nicht, daß das kapitalarme heutige Ungarn im Auslande größere Elozierungen vorgenommen hätte, sondern zeigt bloß, daß infolge der Zerstückelung des Landes in ungarischem Privatbesitz und im Inlande befindliche Industrieanlagen und Eisenbahnlinien ganz oder teilweise auf ausländisches (besetztes) Gebiet gelangten. Diese Vermögensteile figurieren im Inventar des Volksvermögens des heutigen Ungarns als Forderungen gegenüber dem Auslande, in den Ländern der ungarischen heiligen Krone hingegen waren dieselben als im Inlande befindliche Vermögensobjekte teils in die Rubrik der Gebäude, teils in die der Mobilien, teils in die Rubrik der Verkehrsmittel aufgenommen.

Hiermit haben wir die Inventarisierung der gesamten Aktivposten des Volksvermögens beendet und können zur Ermittlung des Betrages

---

[1]) Hinsichtlich der Daten s. Tabelle II auf S. 77.

[2]) FRIEDRICH FELLNER: „Das Volksvermögen Österreichs und Ungarns". Budapest 1913. (S. 59.)

der dem Auslande gegenüber bestehenden Verbindlichkeiten übergehen, welche, als Passivum, einen Abzugsposten bilden.

2. Die Kapitalschuld des heutigen Ungarn gegenüber dem Auslande übersteigt wesentlich seine auswärtige Forderung. Zur genauen Ermittlung des Betrages der Schulden fehlen zwar die Anhaltspunkte, doch kann schon im voraus ohne jede statistische Untersuchung aus dem Umstande auf das Überwiegen der Verbindlichkeiten gefolgert werden, daß Ungarn stets, also auch schon vor seiner Verstümmelung, ein kapitalarmes Land war, welches seine Produktion zum großen Teile mit ausländischem Kapital betrieben hat. Dies gelangt darin zum Ausdruck, daß die Anlage ausländischen Kapitals in verschiedenen ungarischen Kreditinstituts-, Industrie-, Handels-, Verkehrs- und Versicherungsunternehmungen eine bedeutende ist, daß ferner der Absatzmarkt unserer Staatsschuldverschreibungen, Pfandbriefe, Kommunalobligationen, Eisenbahn- und sonstigen Titres fast ausschließlich das Ausland bildet. Das heutige Ungarn gehört in internationaler Beziehung zu den sogenannten Schuldnerstaaten, da es zum großen Teile mit ausländischem Kapital arbeitet. Dieses Auslandskapital wird teils durch ständige Zusicherung eines fixen höheren Zinserträgnisses, teils durch Inaussichtstellung von Gewinnen aus Dividenden- und Kurssteigerungen herangezogen.

Das heutige Ungarn ist auf dem Gebiete der Kapitalbeschaffung noch mehr auf das Ausland angewiesen, als es die Länder der ungarischen heiligen Krone waren. Da die infolge der mit der Stabilisierung des Geldwertes langsam beginnenden Sparsamkeit sich bildenden Kapitalien zur Deckung des inländischen Kapitalbedarfes bei weitem nicht genügen und kaum damit gerechnet werden kann, daß diese Ersparnisse wieder in solchen fiduziarischen Werten investiert werden, welche der Krieg, die Revolutionen und die Inflation vernichtete, ohne daß der Staat diese — wie dies in den ungarischen Gesetzen bei den zur Anlage der Vermögen von Pflegebefohlenen und Kuranden bestimmt, also als bei ausschließlich sicher qualifizierten Papieren vorgesehen war — wenigstens teilsweise aufgewertet hätte. Das Inland bleibt somit aus dem Gesichtspunkte der Plazierung der festverzinslichen Papiere, eine untergeordnete Quelle.

Unter solchen Umständen kann der Kapitalbedarf des Landes fast ausschließlich durch das Ausland befriedigt werden. Dies bestätigt auch die nach dem Kriege, gleichzeitig mit der Herstellung der Wertbeständigkeit des Geldes eingetretene sukzessive Verschuldung des heutigen Ungarn dem Auslande gegenüber.

Über die Höhe der ungarischen Staatsschuld und deren Verteilung zwischen dem In- und Auslande gibt der Staatskostenvoranschlag Aufschluß[1]). Die Staatsschulden teilen sich in vier Gruppen. In die erste Gruppe gehören die Vorkriegsstaatsschulden. Im Sinne des Beschlusses des Reparationskomitees entfallen von dem Originalstocke der titresartigen, nicht sichergestellten Staatsschulden 45,733% auf das heutige Ungarn, von der Grundentlastungsanleihe und den für Zwecke der Städte und Gemeinden herausgegebenen 4½proz. Obligationen hingegen 49,629% des Originalstockes. Der das heutige Ungarn belastende Teil der sichergestellten Verbindlichkeiten wurde nach den einzelnen Schulden gesondert festgestellt. Die aus der Vorkriegszeit herrührenden und das heutige Ungarn belastenden Staatsschulden belaufen sich auf 942071596 P., wovon ein 941843600 P. entsprechender Teil im Auslande ist[2]). In die zweite Gruppe gehören die von der Zeit des Kriegsausbruches bis zur Inkraftsetzung des Friedensvertrages aufgenommenen Darlehen, das heißt die während des Krieges ausgegebenen und auf Grund des Nostrifizierungsverfahrens auf das heutige Ungarn entfallenden, in auf vollständig entwertete Papierkronen lautende Titres ausgedrückten Staatsschulden, sonstige, hauptsächlich schwebende Schulden und das internationale Hilfsdarlehen (Reliefanleihe). Der Bestand der in diese Gruppe gehörenden Staatsschulden beträgt 13832209 P., wovon eine 13079979 P. entsprechende Summe auf das Ausland entfällt. In die dritte Gruppe gehören die seit der Inkraftsetzung des Friedensvertrages aufgenommenen Staatsschulden mit Ausnahme der sogenannten Sanierungsanleihe vom Jahre 1924, also die aus der Übernahme des Banknotenverkehrs bei der Ungarischen Nationalbank bestehende Schuld, die sogenannte Zwangsanleihe, die im Zusammenhange mit der Regulierung der ausländischen Staats- und Privatschulden im Auslande aufgenommenen Anleihen und sonstigen Darlehen. Der Bestand der in diese Gruppe gehörenden Staatsschulden beläuft sich auf 259880150 P., wovon ein 89495655 P. entsprechender Betrag auf das Ausland entfällt. Schließlich bildet die auf Grund des G.-A. IV vom Jahre 1924 durch das Ungarische Königreich aufgenommene Staatsschuld — welche berufen war, die Herstellung des Gleichgewichtes des Staatshaushaltes zu sichern — einen bedeutenden Posten in dem Bestande der Staatsanleihen. Dieses Darlehen wurde auf Grund eines durch den Rat des Völkerbundes genehmigten Planes in einem das

---

[1]) Staatskostenvoranschlag für das Jahr 1928/29. Detaillierung. I. Heft. Budapest 1928. (S. 100ff.)

[2]) Die nach den vor dem Kriege aufgenommenen, auf mehrere Valuten, Goldgulden und fremde Valuten lautenden Anleihen ins Ausland zu leistenden Zahlungen erfolgten mit 32 resp. 27% der ursprünglichen Verzinsung, doch haben wir diesen in den Rahmen der durch die Eigentümer der Titres in Paris errichteten gemeinsamen Kassa, die Caisse commune, gehörenden Kapitaldarlehensbestand, mit 100% des Gold- bzw. ausländischen Wertes eingestellt. (Ibidem S. 98.)

Äquivalent von 250 Millionen Goldkronen nicht übersteigenden Endbetrage emittiert und in acht verschiedenen Staaten in auf die Währung derselben lautenden Teilbeträgen plaziert. Der Bestand dieses Darlehens beläuft sich auf 361523686 P., wovon ein 357065502 P. entsprechender Betrag im Auslande untergebracht ist[1]).

Von der 1577307641 P. betragenden Staatsschuld des heutigen Ungarn ist ein 1401484736 P. entsprechender Teil im Auslande plaziert, 175822905 P. hingegen im Inlande, das heißt 88,87% der Staatsschuld befinden sich im Auslande und bloß 11,13% im Inlande[2]).

Bedeutende Kapitalforderungen besitzen die ausländischen Gläubiger in Pfandbriefen, Kommunal- und sonstigen Obligationen, aber auch — durch Anlage ihrer Kapitalien in ungarischen Kreditinstituten, Industrie-, Verkehrs- und sonstigen Unternehmungen — in Aktien.

Nicht nur der Staat, sondern auch die autonomen Körperschaften haben ihren Kapitalbedarf zum großen Teile im Auslande gedeckt, so daß sich auch ein bedeutender Teil der Kommunalobligationen im Auslande befindet. So betrug von den in Angelegenheit der definitiven Regelung der ausländischen Vorkriegsanleihen der Haupt- und Residenzstadt Budapest auf Grund des Ostender Abkommens zustandegekommenen drei ausländischen Auleihen der Kapitalrückstand der auf 2 Millionen Pfund Sterling lautenden 4proz. Anleihe am 31. Dezember 1927 51107449,40 P., der auf 105 Millionen (französische) Franken lautenden 4proz. Anleihe 22141539 P., der auf 134,3 Millionen deutsche Reichsgoldmark lautenden 4½proz. Anleihe 175280792,70 P., insgesamt also 248529781,10 P. Desgleichen war auch die am 15. Juni 1927 emittierte, 20 Millionen Dollar betragende 6proz. Anleihe der Haupt- und Residenzstadt Budapest, im Gegenwerte von 113808510 P., im Auslande untergebracht[3]). Weitere

---

[1]) Die Staatsanleihe des Königreichs Ungarn vom Jahre 1924 ergab, auf Grund des Kurses des der Unterschrift der Hauptobligation vorangehenden Tages, bzw. des Londoner Kurses vom 26. Juni 1924, nach Abzug der ausländischen Steuern und Stempelgebühren einen tatsächlichen Ertrag von 253820840,25 Goldkronen. (Bericht des Kgl. Ung. Obersten Rechnungshofes zu dem Staatl. Rechenschaftsberichte des Ungarischen Staates vom Jahre 1924/25. Budapest 1927. S. 126.) Der oben ausgewiesene, auf 361.523 Millionen P. angewachsene Kapitalbestand ist aus der bis zum 30. Juni 1927 erfolgten Änderung der Valutenkurse entstanden. (Rechenschaftsbericht des Ung. Staates vom Jahre 1926/27. Budapest 1928. S. 417.)

[2]) Gemäß den uns durch den Generaldirektor der Ungarischen Nationalbank, Dr. Béla v. Schober, gütigst zur Verfügung gestellten Daten betrug der ausländische Anteil der ungarischen Staatsschuld am 31. Dezember 1927 1,3763 Milliarden Pengö. Die Ursache der Abweichung (25,1 Millionen Pengö) ist darauf zurückzuführen, daß obiger Betrag sich auf den Stand vom 30. Juni 1928 bezieht.

[3]) Schlußrechnung und Vermögensinventar der Haupt- und Residenzstadt Budapest vom Jahre 1927. Budapest 1928. (S. 510.)

im Auslande plazierte Darlehen von ungarischen autonomen Körperschaften waren: 16 Millionen Dollar, gleich 91840000 P.; 2250000 englische Pfund, gleich 62595000 P. Der ausländische Darlehensbestand der autonomen Körperschaften beläuft sich auf insgesamt 516773291,10 P.

Der Bestand der durch die ungarischen Kreditinstitute emittierten Kommunalobligationen betrug am 31. Dezember 1927 3,4 Millionen Dollar, d. i. 19516000 P.; 35580 englische Pfund, d. i. 989835,60 P.; und 1 Million Pengö; insgesamt 21505835,60 P.

Der Stand der durch ungarische Kreditinstitute ausgegebenen Pfandbriefe hingegen betrug 21,350 Millionen Dollar, gleich 122549000 P.; und 1384830 englische Pfund, gleich 38525970 P.; insgesamt 161074970 P.

Der Bestand der sonstigen Obligationsdarlehen belief sich auf 7 Millionen Dollar, gleich 40180000 P.; wogegen der Bestand der Darlehen der Kirchenorden und der röm.-kath. Religionsfonds 5890000 holländische Gulden, gleich 13547000 P. betrug[1]).

Im Endergebnis kann festgestellt werden, daß der Bestand der im Auslande untergebrachten Staatsanleihen, der durch die autonomen Körperschaften emittierten Anleihen, der durch die heimischen Kreditinstitute ausgegebenen Kommunalobligationen, Pfandbriefe, weiterhin sonstigen Industrieobligationen und Anleihen kirchlichen Charakters, kurz der festverzinslichen Wertpapiere einem Werte von 2154565832,70 P. entspricht.

In beträchtlichem Maße erscheint das ausländische Kapital auch bei ungarischen Kreditinstituten beteiligt. Der Wert der in ausländischen Händen befindlichen Aktien ungarischer Kreditinstitute kann annähernd auf Grund der territorialen Verteilung der anläßlich der Kapitalerhöhung der Kreditinstitute emittierten Aktien festgestellt werden, das heißt anläßlich der Ausübung des auf die neuen Aktien bezüglichen Vorkaufsrechtes. Gemäß amtlichen Daten[2]) wurden von den anläßlich der Kapitalerhöhung der Kreditinstitute im Jahre 1927 ausgegebenen 1790943 Stück Aktien 426377 Stück, somit 23,82% im Auslande plaziert. Der — an der Budapester Börse am 31. Dezember 1927 notierte — Kurswert der Aktien der im heutigen Ungarn tätigen Banken und Sparkassen betrug 438268642 P., deren 23,82%, somit 104395591 P., den Wert der im Auslande befindlichen Kreditinstitutsaktien repräsentieren.

Von den Genossenschaften wie auch von den Provinzinstituten und Sparkassen, als Instituten lokalen Charakters, deren Geschäftsanteil-

---

[1]) Die Daten verdanken wir dem Generaldirektor der Ungarischen Nationalbank, Herrn Béla v. Schober und der Wirtschaftsstat. Abt. der Geldinstitutszentrale.

[2]) Laut der uns durch das Kgl. Ung. Statistische Zentralamt freundlichst zur Verfügung gestellten Angaben.

scheine und Aktien sozusagen ausschließlich im Inlande untergebracht sind, kann abgesehen werden, und bloß unter Berücksichtigung der an der Budapester Börse notierten Aktien der Banken und Sparkassen, an welchen das internationale Kapital beteiligt ist, kann festgestellt werden, daß der Bestand der im Auslande plazierten Kreditinstitutsaktien mit 127559011 P. angenommen werden kann.

In beträchtlichem Maße hat das ausländische Kapital auch zu dem Ausbau des ungarischen Eisenbahnnetzes beigetragen; das Lokaleisenbahnnetz wurde zum großen Teile mit ausländischem Kapital ausgebaut. Das Interesse des ausländischen Kapitals für die ungarischen Lokaleisenbahnen ist in erster Reihe darauf zurückzuführen, daß sie in staatlichem Betriebe stehen. Nach den von den einzelnen Eisenbahngesellschaften gewonnenen Daten sind von den 331952154 P. Prioritätsaktien ungarischer Eisenbahnen 123383746 P., somit 37,16%, im Auslande untergebracht. Die Kapitalbeteiligung des Auslandes an den Lokaleisenbahnen hat im heutigen Ungarn wesentlich abgenommen, indem diese Beteiligung in den Ländern der ungarischen heiligen Krone 52% betrug[1]).

Amtliche Daten sprechen von der territorialen Verteilung der Aktien von Industrie- und sonstigen Aktiengesellschaften. Im heutigen Ungarn waren von dem mit Ende des Jahres 1927 sich auf 809043481 P. belaufenden Aktienkapital der Industrie-, Handels-, Berg- und Hütten-, Urproduktions- und sonstigen Aktiengesellschaften 158572122,76 P., demnach 19,6% im Auslande plaziert[2]). Dieser Betrag repräsentiert den Nennwert der emittierten Aktien, also das Aktienkapital. Wir müssen aber, da wir das im Auslande befindliche Aktienkapital als Schuld in die Bilanz des Volksvermögens einstellen, den Kurswert der Aktien in Berechnung ziehen, nachdem die Höhe der Verbindlichkeiten von dem für die Aktien tatsächlich bezahlten Betrage, nicht aber von dem Nennwerte derselben abhängt, indem der Schuldenbetrag sich dann verringert, wenn die Aktien von dem Auslande in das Land zurückgelangen, in welchem Falle für die Aktien der in dem jeweiligen Kurse zum Ausdruck gelangende Kaufpreis zu bezahlen ist. Aus den amtlichen Daten geht hervor, daß 19,6% der Aktien im Auslande sind. Diesen Prozentsatz auf den Kurswert dieser an der Budapester Börse notierten Aktien, das ist 1283899858 P.[3]) anwendend, ergibt sich als Wert der im Auslande

[1]) F. Fellner: „Das Volksvermögen Österreichs und Ungarns". Budapest 1913. (S. 53.)

[2]) Die Daten verdanken wir dem Kgl. Ung. Statistischen Zentralamte.

[3]) Der Kurswert sämtlicher an der Budapester Börse notierten Aktien betrug am 31. Dezember 1927 1722168500,70 P.; hiervon den weiter oben bereits berücksichtigten 438268642 P. betragenden Kurswert der Kreditinstituts- (Banken und Sparkassen) Aktion in Abzug gebracht, gelangen wir zu dem Kurswerte der Industrie- und sonstigen Aktien in der Höhe von 1283899858 P.

sich befindlichen Industrie- und sonstigen Aktien ein Betrag von 251644372 P.

Außer den festverzinslichen Obligationen und den Aktien bilden auch noch die im Inlande befindlichen Spar- und Kontokorrenteinlagen und sonstigen kurzfristigen Forderungen von Ausländern eine Verbindlichkeit des Landes dem Auslande gegenüber. Die auf ausländische Werte lautenden und bei den Budapester Geldinstituten angelegten Spar und Kontokorrent-einlagen entsprechen einem Betrage von 262,588 Millionen Pengö[1]). Dieser Schuldenposten wird jedoch durch die unter denselben Titeln dem Auslande gegenüber bestehenden Forderungen von Inländern teilweise aufgehoben, was wir aber in Ermangelung von Daten nicht berücksichtigen konnten, weshalb wir auch diese 262,588 Millionen Pengö nicht in das Inventar der Verbindlichkeiten eingestellt haben.

Die dem Auslande gegenüber bestehenden Verbindlichkeiten zusammenfassend, kann festgestellt werden, daß dieselben in festverzinslichen Obligationen 2154565832,70 P., in Aktien 479423709 P. betragen.

Demnach beträgt die Kapitalschuld des heutigen Ungarn dem Auslande gegenüber 2633989541 P., nach Abzug welchen Betrages von dem Brutto- (rohen) Werte der Vermögenselemente sich der Wert des reinen Volksvermögens ergibt.

7. Die Vermögensverteilung.

Die Gliederung des Volksvermögens des heutigen Ungarn, die sachliche Vermögensverteilung, sowie das gesamte reine Volksvermögen sind in der nebenstehenden Tabelle[2]) dargestellt, unter Vergleichung der Ergebnisse der Ermittlung des Volksvermögens der Länder der ungarischen heiligen Krone vom Jahre 1912 mit jenem Teile desselben, welcher auf den dem heutigen Ungarn entsprechenden Gebietsteil entfällt[3]).

Das gesamte Volksvermögen des heutigen Ungarn beträgt somit 34714537919 P. Hiervon die dem Auslande gegenüber bestehenden Verbindlichkeiten in Abzug gebracht, repräsentiert das reine Volksvermögen einen Wert von 32080548378 P. Die sachliche Gliederung des Volksvermögens beleuchtet in interessanter Weise die ganze wirtschaftliche Struktur des heutigen Ungarn. Den bedeutendsten Bestandteil des Nationalvermögens des heutigen Ungarn bildet der landwirtschaftlich nutzbar gemachte Grundbesitz, welcher nahezu den dritten Teil (32,41%)

---

[1]) Mitteilungen des Landesausschusses für Wirtschaftsstatistik und Konjunkturforschung. 1929. Nr 1. (S. 152.)

[2]) Siehe Seite 60 u. 61.

[3]) Hinsichtlich der Daten siehe: F. v. Fellner: „Die Verteilung des Volksvermögens und Volkseinkommens der Länder der ungarischen heiligen Krone zwischen dem heutigen Ungarn und den Sukzessionsstaaten." Metron. Ferrara 1923. (S. 252.)

des Bruttovermögens der zum überwiegenden Teile Landwirtschaft betreibenden Bevölkerung beträgt. In den Ländern der ungarischen heiligen Krone betrug der Grundbesitz 39,70% des Gesamtvermögens. Dies beweist, daß, obwohl das heutige Ungarn den Agrarcharakter beibehielt, die verhältnismäßige Bedeutung des Grundbesitzes in der Gliederung des Volksvermögens dennoch wesentlich geringer wurde. Hingegen ist im heutigen Ungarn das Mobiliarvermögen stark vorgedrungen, indem dasselbe dem Werte des Grundbesitzes mit 30,30% nahekommt, wogegen das Mobiliarvermögen in den Ländern der ungarischen heiligen Krone (mit 26,66%) wesentlich hinter dem Werte des Grundbesitzes zurückgeblieben ist[1]). Diese in der Gliederung des Volksvermögens eingetretene Veränderung ist eine natürliche Folge dessen, daß das heutige Ungarn sich in nicht geringem Maße industrialisierte. Je industrielleren Charakter ein Land besitzt, um so größer ist die verhältnismäßige Bedeutung des Mobiliarvermögens.

Die prozentuale Erhöhung des Mobiliarvermögens des heutigen Ungarn, d. h. die Steigerung seiner verhältnismäßigen Bedeutung, konnte auch durch den Umstand nicht aufgehoben werden, daß der Wert der Gebäude eine wesentlich größere Quote (23,59%) repräsentiert als in dem Volksvermögen der Länder der ungarischen heiligen Krone (17,18%), was — wie bereits angedeutet — darauf zurückzuführen ist, daß die den wertvollsten Teil des Gebäudevermögens des verstümmelten Landes bildenden Budapester Häuser im heutigen Ungarn verblieben.

Bei der weiteren Analyse des Volksvermögens ist es augenfällig, daß die dem Auslande gegenüber bestehende Schuld des heutigen Ungarn bloß 7,65% des Bruttowertes des Volksvermögens ausmacht, wogegen die Auslandsverschuldung der Länder der ungarischen heiligen Krone 16,82% des Volksvermögens entsprach. Die wesentliche Verringerung der ausländischen Verbindlichkeiten ist darauf zurückzuführen, daß die auf Kronenwert lautenden Obligationen, welche in Österreich, Deutschland, wie auch in dem neutralen Auslande angelegt waren, der Entwertung der Krone entsprechend, vollkommen zunichte wurden, wogegen die in den gewesenen feindlichen Staaten plazierten, auf Kronenwert lautenden Darlehensobligationen mit teilweise entwerteter Valuta, da dieselben in der dortigen Währung zu bezahlen sind, eine wesentlich kleinere Last repräsentieren.

---

[1]) Die erhebliche Zunahme des Mobiliarvermögens gegenüber dem Grundbesitze ist eine allgemeine Erscheinung, welche der ausgezeichnete französische Wirtschaftsstatistiker Alfréd Neymarck interessant erörtert. („Commission extraparlamentaire du cadastre institué au Ministère des Finances." Rapport Général et rapport complémentaire sur les travaux de la sous-commission des voies et moyens par M. Alfréd Neymarck. Paris 1904. S. 15.)

Elemente des Volksvermögens	Im heutigen Ungarn	
	Pengö	%
I. Grundbesitz	11 252 473 280	32,41
II. Berg- und Hüttenwesen	1 460 089 490	4.20
III. Gebäude	8 190 278 652	23,59
Immobilien:	20 902 841 422	60,20
IV. Verkehrsmittel	2 921 434 609	8,41
V. Mobilien	10 519 368 418	30,30
VI. Forderungen gegenüber dem Auslande	370 893 470	1,09
Gesamtes Volksvermögen:	34 714 537 919	100
Schulden gegenüber dem Auslande:	2 633 989 541	
Reines Volksvermögen:	32 080 548 378	

Dem günstigeren Verhältnis der ausländischen Verbindlichkeiten steht jedoch die vom Gesichtspunkte der internationalen Verschuldung weit ungünstigere Lage des heutigen Ungarn gegenüber. Die Länder der ungarischen heiligen Krone einerseits, andererseits die im österreichischen Reichsrate vertretenen Königreiche und Länder bildeten zwar rechtlich gesonderte selbständige Staaten, jedoch ein einheitliches Wirtschaftsgebiet mit einheitlich geregeltem Geldsystem und gemeinsamer Notenbank. Die durch Ungarn aufgenommenen ausländischen Darlehen entfielen zum überwiegenden Teile (56,03%) auf Österreich[1]), erschienen also vom valutarischen Gesichtspunkte als inländische Anleihe, weshalb sie auf die Ausgestaltung der internationalen Zahlungsbilanzen weder Ungarns, noch Österreichs, noch auch der Monarchie von Einfluß waren. Im heutigen Ungarn hingegen belasten die ausländischen Verbindlichkeiten in ihrer Gänze die Zahlungsbilanz des Landes. Hieraus folgt, daß mehr als die Hälfte der durch die Länder der ungarischen heiligen Krone aufgenommenen ausländischen Anleihen in dem vom valutarischen Gesichtspunkte einzig und allein in Betracht kommenden Zollauslande die Verbindlichkeiten überhaupt nicht steigerte, wogegen im heutigen Ungarn bei der darauf hinzielenden Fürsorge der Ungarischen Nationalbank, die Wertbeständigkeit der durch sie ausgegebenen Noten und deren Inverkehrhaltung in genügender Menge zu sichern, die ausländischen Verbindlichkeiten in ihrem vollen Betrage in Betracht kommen, so daß der Vermehrung der Auslandsschulden heute eine weit größere Bedeutung

[1]) Von der Auslandsschuld von 8,395 Milliarden Kronen entfielen 4,704 Milliarden Kronen allein auf Österreich. (F. Fellner: „Das Volksvermögen Österreichs und Ungarns." Budapest 1913. S. 55.)

In den Ländern der ungarischen heiligen Krone		In dem dem heutigen Gebiete entsprechenden Teile der Länder der ungarischen heiligen Krone	
Pengö	%	Pengö	%
22 960 777 142	39,70	8 382 939 465	34,94
2 575 649 636	4,45	1 061 167 568	4,42
9 934 407 543	17,18	5 252 422 974	21,89
35 470 834 321	61,33	14 696 530 007	61,25
6 716 429 838	11,62	2 461 922 833	10,26
15 419 670 368	26,66	6 705 082 506	27,94
222 734 125	0,39	130 790 332	0,55
57 829 668 652	100	23 994 325 678	100
9 726 404 839		5 832 707 603	
48 103 263 813		18 161 618 075	

beizumessen ist als vor dem Kriege. Auf Grund obiger Ausführungen ist jener Umstand, daß die Auslandsverschuldung sich heute bloß auf 7,65% des Brutto-Volksvermögens erstreckt, wogegen sich dieselbe in den Ländern der ungarischen heiligen Krone auf 16,82% des Nationalvermögens erhöhte, nur eine scheinbar günstige Erscheinung, in Wirklichkeit aber ist die Lage eine schlechtere, da die Höhe der Verschuldung dem Zollauslande gegenüber 7,40% des Volksvermögens nicht überstieg.

Interessant ist die Beleuchtung der Frage, wieviel von dem 32,080 Milliarden Pengö betragenden reinen Volksvermögen des heutigen Ungarn auf das Vermögen der Gemeinwesen und wieviel auf das Privatvermögen entfällt. Das Staatsvermögen — das mächtigste der Vermögen der Gemeinwesen — ist in den Staatsschlußrechnungen weder nach dessen Stand, noch auch auf dessen Werte ausgewiesen. Darüber besitzen wir also keinerlei Daten. Hingegen bieten über das Vermögen der Städte und Gemeinden die Schlußrechnungen der Städte genaue Aufklärung. Das Vermögen der Haupt- und Residenzstadt Budapest beträgt 1195259989 P.[1]) Das Vermögen der mit Munizipalrecht ausgestatteten Städte beträgt 454707239 P., dasjenige der Städte mit geordnetem Magistrate 232130020 P., das Vermögen der Gemeinden hingegen 547806703 P.[2]). Das Gesamtvermögen der Städte und Gemeinden beträgt 2429903951 P., somit 7,57% des Volksvermögens. Da das Vermögen der Städte und Gemeinden sich in den Ländern der ungarischen heiligen Krone auf 4,64%

---

[1]) Rechnungsabschluß und Vermögensinventar der Haupt- und Residenzstadt Budapest vom Jahre 1927. Budapest 1928. (S. 487.)

[2]) Edmund Lukács: Das staatliche Steuersystem und die Gemeinde-(städtischen) Finanzen. („Városi Szemle" 1928. Nr. 1. S. 33.)

belief, kann festgestellt werden, daß sich das Verhältnis des Vermögens der Gemeinwesen zu Lasten des Privatvermögens erhöht.

Die oben ausgewiesenen 32,080 Milliarden Pengö bilden das reine Volksvermögen. Die Größe des gesamten Aktivvermögens des ungarischen Volkes ist hieraus nicht ersichtlich, ebenso auch nicht der Stand seiner Passiven oder seiner Verschuldung. Um das gesamte aktive Kapitalvermögen zu ermitteln, d. h. die vom öffentlichem, wie auch privatwirtschaftlichen Gesichtspunkte genommene Vermögensgesamtheit, sind zu dem Werte der unbeweglichen und beweglichen sachlichen Güter (zu den in obiger Tabelle unter I—V aufgezählten Vermögenselementen), d. h. zu 34343644449 P., nicht nur die Forderungen gegenüber dem Auslande hinzuzurechnen, sondern auch die gesamten vom privatwirtschaftlichen Gesichtspunkte genommenen Vermögenselemente (also die Geldforderungen, nutzbringenden Rechte, Wertpapiere usw.), welche vom privatwirtschaftlichen Gesichtspunkte zwar wertvoll sind, daher Bestandteile des Vermögens der einzelnen Personen bilden, jedoch vom volkswirtschaftlichen Gesichtspunkte aus nicht zu berücksichtigen sind, also auch nicht als Elemente des Volksvermögens in Betracht kommen, da sie gleichzeitig auch Verbindlichkeiten bei den Schuldnern bedeuten, deren Vermögen sie um den gleichen Betrag verringern.

Das im heutigen Ungarn verzinslich angelegte gesamte Kapitalvermögen kann, bei der Beschaffenheit der Zinsengebühr, mit hinreichender Genauigkeit festgestellt werden. Die Spar- und Kontokorrenteinlagen sind in der Kreditinstitutsstatistik — nach dem Stande vom 31. Dezember 1927 — mit 1553535000 P. ausgewiesen[1]). Dies gibt jedoch kein treues Bild über den wirklichen Stand der fruchtbringend angelegten Kapitalien, nachdem auch die gegenseitigen Einlagen der Geldinstitute in diesem Ausweise enthalten sind, ein großer Teil der Einlagen somit doppelt berechnet ist. Die Höhe der Einlagen kann demnach richtigerweise auf Grund der Einlagegebühren festgestellt werden[2]). Die Unternehmungen (Banken, Sparkassen, Genossenschaften, die Kreditgeschäfte betreibenden Privatfirmen) sind verpflichtet, den Betrag des sich nach den bei ihnen fruchtbringend angelegten Kapitalien ergebenden Zinsenertrages auszuweisen und gleichzeitig die 5proz. Gebühr nach diesen Zinsen abzuliefern[3]). Das

[1]) Nachrichtendienst der Geldinstitutszentrale. 1928. Nr. 11—12. (S. 7.)

[2]) Die Verordnung des Finanzministers Nr. 3700/P.M. vom 30. Juni 1926, betreffend die Gebühren der Zinseneinkommen, setzte an Stelle der Kapitalzinssteuer die Zinsengebühr.

[3]) Im Sinne des § 8 der zitierten Finanzministerialverordnung Nr. 3700/P.M. vom Jahre 1926 und des § 3 der Finanzministerialverordnung Nr. 90700/P.M. vom 1. Juli 1926, welch letztere Verordnung den Gebührenschlüssel auf 5% reduzierte.

gesamte verzinslich angelegte Kapitalvermögen kann daher in der Weise festgestellt werden, indem das der 5proz. Kapitalzinssteuer entsprechende Zinserträgnis bei dem normalen Einlagezinsfuße kapitalisiert und zu diesem Betrage das kapitalzinssteuerfreie Einlagekapital hinzugerechnet wird. Eine Vermeidung der Doppelberechnung wird dadurch gesichert, daß jene Zinsen der zur Zahlung der Zinsengebühr verpflichteten Unternehmungen, welche dieselben einander bezahlen, gebührenfrei sind[1]). Ebenso sind auch die ausländischen Einlagen gebührenfrei[2]).

Laut amtlichen Daten betrug die im Jahre 1927 eingeflossene Zinsengebühr 2135291,27 P.[3]). Dieser Gebührenbetrag ist nach einem Zinseneinkommen von 42705825,40 P. eingeflossen, was (bei einer Kapitalisierung zu 6,5%) einem Kapitalvermögen von 661941068,70 P. entspricht. Dieser Betrag repräsentiert die bei den Unternehmungen fruchtbringend angelegten inländischen Spar- und Kontokorrenteinlagen. Die Einlagen von Ausländern sind gebührenfrei.

Diese 661,9 Millionen Pengö repräsentieren jedoch noch nicht die Gesamtsumme der im heutigen Ungarn verzinsten Kapitalien. Aus zwei Gründen. Erstens weil nicht nur die bei den Unternehmungen angelegten Kapitalien Zinserträgnisse liefern, sondern gleicherart auch die bei den mit der Fruktifizierung von Kapitalien sich nicht geschäftsmäßig befassenden Privaten, Fonds, Stiftungen usw. angelegten Kapitalien, nach welchen eine Zinsgebühr nicht bemessen wird. Zweitens weil die Zinsen der bei der Kgl. Ung. Postsparkassa angelegten Kapitalien gebührenfrei sind[4]). Zu den 661,9 Millionen Pengö sind demnach mindestens 50% für die der Gebührenbemessung entzogenen Kapitalien hinzuzuschlagen und zu den so gewonnenen 992911603 P. die bei der Kgl. Ung. Postsparkassa angelegten Spar- und Kontokorrenteinlagen hinzuzurechnen, welche sich am 31. Dezember 1927 auf 142643771 P. beliefen[5]). Der Bestand der gesamten fruchtbringend angelegten Einlagen beträgt somit, ohne Berücksichtigung der ausländischen Einlagen, 1135555374 P.

Zwecks Ermittlung des verzinslich angelegten, vom privatwirtschaftlichen Gesichtspunkte genommenen gesamten Kapitalvermögens sind zu dem Einlagebestand noch hinzuzurechnen: die gebührenfreien Pfandbriefe, Kommunalobligationen, Staatsschuldentitres und jener Teil der Aktien, welcher im Inlande untergebracht ist. Der Wert derselben be-

---

[1]) Gemäß § 7 der Verordnung des Finanzministers Nr. 3700/1926 P. M.

[2]) Gemäß § 2 der zitierten Verordnung des Finanzministers Nr. 90700 P. M. vom Jahre 1926.

[3]) Die Angaben verdanken wir Herrn Ministerialrat Béla Csekö.

[4]) Im Sinne des § 7 der Verordnung des Finanzministers Nr. 3700/1926 P. M.

[5]) XVIII. Bericht des Kgl. Ung. Finanzminsters über die finanzielle Lage Ungarns vom 1. Dezember 1927 bis 31. Dezember 1927. Budapest 1928. (S. 21.)

trägt — nach der mit obiger Methode vorgenommenen Berechnung — 1750520855 P.[1]). Die gesamte fruchtbringend angelegte Kapitalforderung beläuft sich auf 2886076229 P.

Zur Schätzung der Schulden von Privatpersonen fehlen die verläßlichen Angaben. Doch wäre es recht interessant, sich ein annäherndes Bild über den derzeitigen Stand der Verschuldung zu machen. Auf die ziffernmäßige Höhe aller Schulden von Privatpersonen, also auf den Umfang sämtlicher im heutigen Ungarn bestehenden Schulden, können wir indirekt folgern. Denn es ist offenkundig, daß die Summe sämtlicher im Lande bestehender Forderungen (2886076229 P.), die gleichzeitig von seiten des Schuldners als eine Verbindlichkeit erscheinen, nach Abzug der darin enthaltenen Forderungen gegenüber ausländischen Schuldnern (370893470 P.), hingegen unter Hinzurechnung der gegenüber dem Auslande bestehenden Schulden (2633989541 P.), die gesamten Schulden der Inländer gegenüber inländischen und ausländischen Gläubigern ergibt, woraus eine Gesamtsumme von 5149172301 P. Passiven resultiert. Hierin sind die Staatsschulden mit einem Betrage von 1577307641 P., die Schulden der Städte und Kommunen mit 538279125 P. mit inbegriffen.

Wenn wir zu dem (in der obigen Tabelle unter I—V detaillierten) sachlichen Vermögen im Betrage von 34343644449 P. das aus 2886076229 P. Kapitalforderungen bestehende Vermögen der Kapitalisten hinzurechnen, so beträgt das gesamte Aktiv-, öffentliche und Privatvermögen des heutigen Ungarn 37229720678 P., denen ein Passivvermögen von 5149172301 P. gegenüberzustellen ist. Das reine Vermögen beträgt also im heutigen Ungarn 32080548378 P., was sich in der obigen Tabelle als Endergebnis ergibt.

Im heutigen Ungarn entfallen auf die aus 8522230 Seelen bestehende Gesamtbevölkerung pro Kopf:

Aktivvermögen	4368,55 Pengö,
Schuld	604,20 „
Reines Vermögen	3764,35 Pengö.

Die allgemeine Verschuldung erstreckt sich bis zu 13,84% des gesamten aktiven Vermögens, hingegen bis zu 14,99% des Geldwertes des gesamten sachlichen Vermögens.

---

[1]) Die im Inlande befindlichen gebührenfreien Wertpapiere inländischer Emission betragen im heutigen Ungarn:

Staatsschuldverschreibungen	175822905 P.
Kreditinstitutsaktien	333873056 „
Lokaleisenbahnaktien	208568408 „
Industrieaktien	1032255486 „
	1750519855 P.

Einer großen Vorsicht bedarf es bei der Entscheidung der schwierigen Frage, ob das Volksvermögen des heutigen Ungarn in den letzten 15 Jahren eine tatsächliche materielle Vermehrung erfahren hat. Das reine Volksvermögen der Länder der ungarischen heiligen Krone betrug vor dem Kriege, im Jahre 1912, unserer Berechnung nach 48103263813 P. Von diesem Volksvermögen entfiel damals auf jenes Gebiet, welches das heutige Ungarn repräsentiert, ein 18161618075 P. entsprechender Teil. Dies ist gleichbedeutend damit, daß der Verlust der Länder der ungarischen heiligen Krone und die Bereicherung der Sukzessionsstaaten an Volksvermögen, ohne jede Gegenleistung, in Vorkriegswert berechnet, 25844301904 Goldkronen[1]), d. h. 29941645738 Pengö entspricht.

Wenn wir den auf das verbliebene Ungarn (im Jahre 1912) entfallenden Wert von 18,161 Milliarden mit dem für das Jahr 1927 festgesetzten Werte von 32,080 Milliarden vergleichen, so zeigt dies einen Vermögenszuwachs von 13918930303 P., d. h. 76,5%, dessen Bedeutung noch durch den Umstand gesteigert wird, daß die Bevölkerung sich in dieser Zeitperiode, im Jahre 1910, von einer Seelenzahl von 7606971 bis zum Jahre 1927 auf eine Seelenzahl von 8522230, demnach um 12,03% erhöhte.

Jener Umstand, daß (von 1912 bis 1927) die Bereicherung größere Dimensionen zeigte als die Volksvermehrung, gelangt in der ziffernmäßigen Zunahme des auf einen Kopf entfallenden durchschnittlichen Vermögens zum Ausdrucke. Auf jenem Gebiete, welches dem heutigen Ungarn entspricht, war das auf einen Kopf entfallende durchschnittliche reine Vermögen im Jahre 1912 2387,49 P., wogegen dasselbe im Jahre 1927 — wie aus obigem ersichtlich — 3764,35 P. betrug. In den Ländern der ungarischen heiligen Krone entsprach das reine Volksvermögen pro Kopf einem Werte von 2302,99 P.[2]).

Bei näherer Untersuchung der ziffernmäßig bedeutenden Vermehrung des Volksvermögens des heutigen Ungarn kann festgestellt werden, daß dieselbe mit einem tatsächlichen materiellen Vermögenszuwachs nicht gleichbedeutend ist. Die verringerte Kaufkraft des Goldes, verglichen mit dessen Kaufkraft im Jahre 1912, führte zu einer in sinkender Richtung eingetretenen Änderung des Geldwertes und damit zu einer Steigerung der Preise. Diese Preissteigerung ist im heutigen Ungarn hinsichtlich sämtlicher Waren im Verhältnis zum Jahre 1913 eine 35prozentige[3]). Von der

---

[1]) FRIEDRICH V. FELLNER: „Die Verteilung des Volksvermögens und Volkseinkommens der Länder der ungarischen heiligen Krone zwischen dem heutigen Ungarn und den Sukzessionsstaaten". Metron. Ferrara 1923. (S. 252.)

[2]) F. FELLNER: „Das Volksvermögen Österreichs und Ungarns." Budapest 1913 (S. 63.) Das auf einen Kopf entfallende reine Vermögen betrug 1987,91 Kr., was (1 Kr. = 1,1585 P.) 2302,99 P. entspricht.

[3]) Mitteilungen des Landeskomitees für Wirtschaftsstatistik und Konjunkturforschung. 1929. Nr. 1. (S. 157.)

ziffernmäßigen Zunahme des reinen Volksvermögens sind demnach durchschnittlich 35% nicht auf einen tatsächlichen materiellen Vermögenszuwachs, sondern bloß auf eine Preissteigerung zurückzuführen. Der andere Grund der Zunahme des reinen Volksvermögens liegt darin, daß ein großer Teil der dem Auslande gegenüber bestehenden, auf Kronen lautenden, bzw. in minderwertiger fremder Währung zahlbaren Kapitalschuld zunichte wurde. Dies bedeutet zwar auch keinen sachlichen Vermögenszuwachs, ist aber in seiner Wirkung mit dem Ersparnis gleichbedeutend, indem das reine Volksvermögen sich im Verhältnis der Verringerung der von dem Bruttovolksvermögen in Abzug zu bringenden Posten ziffernmäßig erhöht. Von der oben ausgewiesenen ziffernmäßigen Vermögenszunahme im Betrage von 13,918 Milliarden Pengö entfallen somit 8,352 Milliarden Pengö auf die Preissteigerung[1]), wogegen die Verringerung der dem Auslande gegenüber bestehenden Verbindlichkeiten 3,175 Milliarden Pengö beträgt[2]) Den nominellen Vermögenszuwachs von 11527787815 P. von dem Mehrvermögen im Betrage von 13918930303 P. in Abzug gebracht, beträgt somit der tatsächliche sachliche Zuwachs des Volksvermögens 2391142488 P.

Die ziffernmäßige Erhöhung des Volksvermögens des heutigen Ungarn ist zum überwiegenden Teile eine Folge der Preissteigerung der Güter und bedeutet nur zum kleinen Teile ihre quantitative Vermehrung.

Der ziffernmäßige Zuwachs des Volksvermögens infolge der Erhöhung der Preise bedeutet natürlicherweise nicht eine Steigerung des Wohlstandes. Hierauf ist nur ein tatsächlicher realer Zuwachs des Volksvermögens von Wirkung. Kurz: das Land wurde nicht um 11,527 Milliarden Pengö, sondern bloß um 2,391 Milliarden Pengö reicher. Daß das Volksvermögen sich trotz des Weltkrieges und dessen Folgen nicht verringerte, sondern sogar eine kleine Zunahme erreichte, hat seine Ursache darin, daß das Gebiet des heutigen Ungarn kein Kriegsschauplatz war. Die 60,20% repräsentierenden Immobilien und überhaupt die sachlichen Güter wurden nicht vernichtet. Die im Wege der Plünderungen der rumänischen Besatzungstruppen in den beweglichen Gütern eingetretenen Schäden und Verluste wurden im Laufe der Jahre ersetzt. Hingegen wurden die sogenannten imaginären Werte (Staatsschuldobligationen, Pfandbriefe, Spareinlagen usw.), d. h. die in den Forderungen verkörperten

[1]) Das im Jahre 1912 auf das Gebiet des heutigen Ungarn entfallende Volksvermögen betrug, ohne Berücksichtigung der ausländischen Schulden (I—V in obiger Tabelle)

$$\frac{23863523356 \text{ P.} \times 35\%}{100} = 8352233174 \text{ P.}$$

[2]) Die ausländischen Verbindlichkeiten im Betrage von 5832707603 P. haben sich mit 3175554641 P. auf 2657152962 P. verringert. (S. obige Tabelle.)

Vermögenselemente, beinahe gänzlich zunichte. Dies bedeutet jedoch nur vom privatwirtschaftlichen Gesichtspunkte einen Schaden, nicht aber einen volkswirtschaftlichen Verlust, nachdem die in den Wertpapieren inkorporierte Forderung zwar das Vermögen des Wertpapierbesitzers ist, jedoch auch eine Verbindlichkeit des Emittenten des Wertpapiers bildet. Dieselben kompensieren sich innerhalb der Volkswirtschaft des Landes gegenseitig. Die Vernichtung der Wertpapiere verringert das Privatvermögen der Einzelnen, war somit auf die subjektive Vermögensverteilung von nachteiliger Wirkung, verminderte aber das Volksvermögen nicht. Im Gegenteil führte die Entwertung der in ausländischen Händen befindlichen Wertpapiere inländischer Emission zu einer ziffernmäßigen Erhöhung des Volksvermögens, indem ein großer Teil der ausländischen Verbindlichkeiten des Landes hierdurch erlosch, deren investierter Gegenwert aber, in Form eines sachlichen Wertzuwachses, verblieb[1]).

Gleicherweise bedeutet die Erhöhung der inländischen Spareinlagen vom volkswirtschaftlichen Gesichtspunkte keinen Vermögenszuwachs, weil diese nur für den Einleger, also vom privatwirtschaftlichen Gesichtspunkte, ein Vermögenselement bilden. Vom volkswirtschaftlichen Gesichtspunkte ist die Spareinlage nur ein Forderungsrecht, welches in der anderen Privatwirtschaft als Schuld erscheint. Auf die Höhe des Volksvermögens ist der Betrag der inländischen Spareinlagen nicht von Einfluß. Die Vermehrung der Spareinlagen ist nicht von dem Gesichtspunkte des Volksvermögens, sondern vielmehr der entsprechenden Funktionierung der Kreditorganisation von großer Wichtigkeit.

Der tatsächliche sachliche Vermögenszuwachs von 2,391 Milliarden Pengö zeigt sich in der Errichtung von neuen Budapester Gebäuden mit einem Baukostenaufwande von 411,595 Millionen Pengö, in dem Inventarzuwachs der landwirtschaftlichen Maschinen und Geräte von 357,326 Millionen Pengö, in der Vermehrung der Waren- und Materialvorräte der Industrieunternehmungen mit 195,094 Millionen Pengö, in den in den Wasserstraßen investierten, 41,315 Millionen Pengö betragenden Regulierungs- und Hafenbauarbeiten, in den einen Kostenaufwand von 64,2 Millionen Pengö beanspruchten Wasserschutzarbeiten, dem mit 59,1 Millionen Pengö Kosten vorgenommenen Straßen- und Brückenbau, dem Zuwachs des Automobilbestandes von 77,5 Millionen Pengö, den auf einem 32857 Hektar umfassenden Gebiete durchgeführten Meliorations- (Entwässerungs-, Berieselungsdrainage-) Arbeiten und sonstigen Investitionen, weiter in der

[1]) Der allgemein angesehene Präsident der Ungarischen Nationalbank, Dr. Alexander Popovics, sieht in diesen, infolge der Inflation vernichteten fiduziarischen Werten — äußerst treffend — eine potentiale Vermögensverringerung, indem dieselben im Dienste der inländischen Produktion indirekt die Kapitalbildung förderten.

Umgestaltung von unfruchtbaren Gebieten in Ackerboden, der Erschließung neuer Bergwerke, der Entstehung neuer Fabrikanlagen usw.

Von dem wirklichen sachlichen Vermögenszuwachs entfallen in den letzten 15 Jahren durchschnittlich 159409500 P. auf ein Jahr, was, im Vergleich zu dem Volksvermögen, im Jahresdurchschnitt einer 0,68proz. Steigerung entspricht. Diese Vermögenszunahme bleibt weit hinter der normalen zurück. Wie geringfügig dieselbe im Verhältnis zu dem Verluste ist, welchen das Land zufolge des Trianoner Vertrags erlitt, erhellt daraus, daß der Verlust der Länder der ungarischen heiligen Krone und die Bereicherung der Sukzessionsstaaten an Volksvermögen, ohne jegliches Entgelt — in Vorkriegswert berechnet —, 29505167507 Goldkronen (33835342974 P.) betrug[1]).

[1]) F. v. Fellner: „Die Verteilung des Volksvermögens und Volkseinkommens der Länder der ungarischen heiligen Krone zwischen dem heutigen Ungarn und den Sukzessionsstaaten." Metron. Ferrara 1923. (S. 252.)

III.

Kritische Bemerkungen über die Schätzung des Volksvermögens.

Die Schätzung des Volksvermögens gehört zu den schwierigsten Problemen der Wirtschaftsstatistik. Trotz der oft fast unüberwindlichen Schwierigkeiten begegnet man stets und in den meisten Ländern Bestrebungen, welche auf die ziffernmäßige Feststellung des Volksvermögens hinzielen. Denn die Kenntnis der Höhe des Volksvermögens — wenn sie die Wirklichkeit auch nur in annähernder Weise erschließt — ist von allgemeinen wirtschaftspolitischen wie auch von gewissen steuer- und finanzpolitischen Gesichtspunkten aus notwendig. Anläßlich der Einführung der Vermögenssteuer geht man bei der Berechnung des zu erwartenden Ertrages von dem Volksvermögen aus[1]; ohne dessen Kenntnis kann man sich über die Gestaltung der Ergiebigkeit der Vermögenssteuer kein richtiges Urteil bilden.

Die Wichtigkeit der ziffernmäßigen Feststellung des Volksvermögens und die Erkenntnis der Tragweite einer derartigen Feststellung leitet die Vereinigten Staaten von Nordamerika, wenn sie gleichzeitig mit den Volkszählungen auch die Ermittlung des Volksvermögens und die ziffernmäßige Feststellung seines Wertes vornehmen.

Die große Bedeutung der Untersuchungen über das Volksvermögen erklärt es, daß man, trotz des unzureichenden statistischen Materials, seit den ältesten Zeiten den wiederholten Bestrebungen der hervorragendsten Statistiker im Interesse der Vervollkommnung unseres Problems, der

---

[1] So ist die tschechoslovakische Regierung im Jahre 1920 in dem Motivenbericht zu dem Gesetzentwurfe über die Vermögens- und die Vermögenszuwachsabgabe bei der Berechnung der zu gewärtigenden finanziellen Ergebnisse des Steuerertrages von den auf das Volksvermögen Österreichs und Ungarns bezüglichen Daten des Verfassers dieser Schrift ausgegangen. (Regierungsentwurf. Gesetz vom — — — über eine Vermögens- und eine Vermögenszuwachsabgabe. Berichte aus den neuen Staaten. 3. Jahrgang. Sondernummer. Wien 22. März 1920. S. 28.) Gleicherweise bei der Feststellung des zu gewärtigenden Ertrages der preußischen Vermögenssteuer. Entwurf eines Ergänzungssteuergesetzes. Nr. 6. Haus der Abgeordneten. 17. Legislaturperiode. V. Session. 1892/93. S. 49.

ziffernmäßigen Feststellung des Volksvermögens, begegnet[1]). Auch das internationale statistische Institut beschäftigte sich des öfteren mit dem Problem des Volksvermögens[2]). Bei einem solchen Stande der Dinge müssen wir den Standpunkt des im Schoße des Vereins für Sozialpolitik gebildeten Ständigen Unterausschusses für theoretische und soziologische Forschungen für verfehlt halten, welcher den Wert der auf die ziffernmäßige Feststellung des Volksvermögens bezüglichen Versuche in Abrede stellt und diese als für politische Stimmungsmacherei geeignet erachtet[3])-

Bei den auf die Schätzung des Volksvermögens hinzielenden Versuchen kann von einer mathematischen Genauigkeit keine Rede sein; wenn das Ergebnis dem wirklichen Zustande nahekommt, so ist das erreicht, was die Wissenschaft bei dieser Frage anstrebt. In den ziffernmäßigen Endergebnissen des Wertes des Volksvermögens darf kein exaktes Ergebnis gesucht werden, sondern nur eine annähernde Orientierung. Solange keine absoluten Werte geboten werden können, muß die Wissenschaft auch annähernde Werte annehmen, von dem Standpunkte ausgehend, daß bei der fortwährenden Entwicklung der exakten Statistik auch die Konjekturalstatistik ihre Bedeutung besitzt[3]). Wer die bloß annähernde Ergebnisse bietenden Vermögensschätzungen für wertlos hält und vom theoretischen Gesichtspunkte aus ausschließlich den exakten statistischen Ergebnissen eine Bedeutung beimißt, dem ergeht es so, wie demjenigen, der in Ermangelung der elektrischen Beleuchtung das Lämpchen nicht

[1]) Ausführlich und gründlich erörtert auch die ältesten und daher primitivsten Schätzungen des Volksvermögens der durch Jul. v. Roschmann-Hörburg verfaßte Bericht über die Tätigkeit des Seminars der k. k. Wiener Universität im Wintersemester 1886/87. (Statistische Monatsschrift. XIII. Jahrg. Wien 1887. S. 576ff.)

[2]) So in der Tagung in Budapest auf Grund der Arbeit von Friedrich Fellner (Bulletin de l'Institut International de Statistique. Tome XIII. 1. S. 184ff., weiter Tome XIII. 2. S. 96ff.); dann anläßlich der Tagung in Berlin auf Grund der Arbeiten von Adolf Wagner, Fernand Faure, Alfred de Foville, Yves Guyot und Friedrich Fellner (Ibidem. Tome XIV. 3. S. 1ff.) schließlich anläßlich der Wiener Tagung auf Grund der Referate von Fellner und Pontus Fahlbeck (Ibidem. Tome XX. 2. S. 503ff.).

[3]) Beiträge zur Wirtschaftstheorie. Herausgegeben von Karl Diehl. I. Teil. Volkseinkommen und Volksvermögen. (Schriften des Vereins für Sozialpolitik. 173. Band. 1926. S. 156.) Die Unproduktivität der Wiener Tagung — trotz der wertvollen Erörterungen in den einzelnen Referaten — ist daraus ersichtlich, daß sie nur auf die allgemein bekannten Schwierigkeiten des Problems hinwies anstatt eine solche Klärung des Begriffs des Volksvermögens zu erstreben, welche den Zwecken der praktischen Volkswirtschafts- und Finanzpolitik geeignet erscheint.

[4]) Eine schöne Apologie der Konjekturalstatistik schrieb Staatsrat Prof. Dr. R. Mucke: „Über die Berechtigung der Konjekturalstatistik." (Statistische Monatsschrift. XIII. Wien 1887. S. 489ff.)

benutzen will. Von dem Lämpchen führte der Weg bis zur elektrischen Beleuchtung.

Nachdem die amtliche Statistik — insbesondere nach dem Weltkriege — ihre Beobachtungen auf stets breitere Kreise des wirtschaftlichen und sozialen Lebens ausdehnt und auch die Bearbeitung des Materials stets ausführlicher erfolgt, zeitigen auch die auf die Schätzung des Volksvermögens hinzielenden Bestrebungen stets verläßlichere Ergebnisse, erlangen also eine gesteigerte wissenschaftliche und praktische Bedeutung.

Daß die Arbeiten, welche das Problem der Schätzung des Volksvermögens behandeln, mit der Zeit zu stets verläßlicheren Ergebnissen führen, ist auch aus der Schätzung des ungarischen Volksvermögens ersichtlich. Ein Vergleich des einschlägigen Materials vor sechsundzwanzig Jahren und fünfzehn Jahren[1]), mit dem heute schon zur Verfügung stehenden, zwar in jeder Hinsicht noch immer nicht befriedigenden statistischen Material zeigt deutlich, um wieviel reichlichere und sorgfältiger bearbeitete Angaben zur Lösung unserer Aufgabe benutzt werden können und um wieviel geringer die Rolle der Konjekturalstatistik ist. Die Lücken der vorhergehenden Arbeiten können stufenweise ersetzt werden[2]).

Die Wichtigkeit unseres Problems wird noch gesteigert durch den Vergleich der Höhe des Volksvermögens mit dem Ergebnis früherer Schätzungen und der Höhe des Volksvermögens anderer Länder, denn nur so können wir es erfahren, um wie viel sich das Vermögen eines Volkes während einer gewissen Zeitdauer vermehrte und was für eine Bedeutung ihm im Verhältnis zu dem Volksvermögen anderer Nationen beizumessen ist. Bei einem Vergleich der Gestaltung des Volksvermögens in zwei verschiedenen Perioden muß die in dem Geldwerte eingetretene Änderung berücksichtigt werden, nachdem eine sich Preissteigerungen zufolge ergebende ziffernmäßige Erhöhung des Volksvermögens noch keinen tatsächlichen Vermögenszuwachs bedeutet. Der Vergleich des Volksvermögens verschiedener Länder stößt hingegen dann auf Schwierigkeiten, wenn die Schätzung nicht mittelst gleicher Methoden, also auf Grund von Angaben verschiedener Natur erfolgte. Deshalb wäre es wichtig, daß die einzelnen Länder bei der Feststellung des Wertes des

---

[1]) S. die anläßlich der Tagungen des Internationalen Statistischen Institutes in den Jahren 1901 und 1913 durch Friedrich Fellner vorgelegten Berichte. (Bulletin de l'Institut International de Statistique. Tome XIII. 2. S. 96ff. Ibidem Tome XX. 2. S. 503ff.)

[2]) Die Berechtigung und wissenschaftliche Bedeutung der Schätzung des Volksvermögens wird auch schon durch Weyermann anerkannt, und zwar in seiner „Die statistischen Versuche einer Erfassung des Volksvermögens" betitelten inhaltsvollen und lesenswerten Abhandlung. (Zeitschrift für Schweizerische Statistik. 1915. Heft 1. S. 68ff.)

Volksvermögens möglichst die gleiche Methode anwenden. Die Hauptschwierigkeit besteht jedoch darin, daß die Methode jeweilig dem in dem betreffenden Lande zur Verfügung stehenden statistischen Material angepaßt werden muß. Die qualitative und quantitative Verschiedenheit des statistischen Materials aber macht die konsequente Durchführung einer Methode in den verschiedenen Ländern nicht in gleicher Weise möglich.

Ein Teil des statistischen Materials ist schon — wegen der Natur des Urmaterials — nicht verläßlich; bei dessen Verwendung bedarf es einer gründlichen, auf genauer Kenntnis der Verhältnisse beruhenden Kritik, großer Übersicht und einer sorgfältigen Untersuchung des Materials.

Mit Rücksicht auf die Verwendbarkeit des statistischen Materials ist heute die objektive Methode die entsprechendste. Denn der Wert des überwiegenden Teiles der zu dem Volksvermögen gehörenden Güter kann durch sie mit hinreichender Genauigkeit ermittelt werden. Hingegen kann der Wert jener Gruppe der Güter, welche mit der objektiven Methode weniger verläßlich festgestellt werden können (so der Straßen, Kanäle, Flüsse usw.) auch auf dem Wege der mit Hilfe der sonstigen Methoden vorgenommenen Schätzungen nicht erfaßt werden. Denn diese Güter bilden nicht den Gegenstand der Besteuerung und so auch keine Vermögenssteuergrundlage, ebenso wie sie auch einer Erbschaftssteuer und einem Gebührenäquivalent nicht unterliegen, also auch in der Erbschaftsannuität nicht figurieren. Der objektiven Methode sichert auch jener Umstand einen Vorteil, daß die erschöpfendsten und verläßlichsten Angaben durch die Ertragssteuerstatistik, die Versicherungsstatistik, die Statistik der Kreditinstitute und des Verkehrswesens geliefert werden, auf welche Daten diese Methode sich gerade stützt, während die Statistik der Erbschaftsgebühren — selbst wenn sie so eingehend und sorgfältig bearbeitet ist wie in Frankreich, Österreich oder Italien — nur zur Feststellung des Wertes der Liegenschaften geeignet ist, da die statistischen Daten über den Wert des Mobiliarnachlasses — wegen der Natur des Urmaterials — nie so ausgearbeitet werden können, daß nicht das Betreten der Konjekturalstatistik notwendig wäre. Die Ermittlung des vollen Betrages des Mobiliarnachlasses wird dem Fiskus nicht gelingen. Die Feststellung der im Interesse der Vermeidung der Erbschaftsgebühr und aus sonstigen verständlichen Gründen verheimlichten beweglichen Nachlässe, also die Ergänzung und der Ersatz der in der Statistik ausgewiesenen Hinterlassenschaftsmobilien bis zur Höhe der einem Gebührenäquivalent nicht unterzogenen und verheimlichten beweglichen Hinterlassenschaften kann nur auf willkürlichen Annahmen beruhen.

In der auf Grund der Erbschaftsgebühr ermittelten Vermögensgesamtheit sind auch die Wertpapiere, Spareinlagen usw. enthalten, da sie Elemente des Nachlasses bilden. Ihre Erfassung würde nicht zu einer Doppelberechnung der Vermögenselemente führen, wenn die den Gegenposten dieser Forderungen bildenden Verbindlichkeiten von dem Nachlaß des Schuldners in Abzug gebracht würden. Doch ist dies nicht der Fall. Die Schuld wird nur dann in Abzug gebracht, wenn der Erblasser eine physische Person ist, in welchem Falle die auf die Gegenstand der Erbfolge bildende Liegenschaft eingetragene Hypothekarschuld von dem Werte des Nachlasses in Abzug gebracht werden kann; so erscheinen die den Gegenstand des Nachlasses bildenden Pfandbriefe kompensiert. Wenn aber beispielsweise Aktien oder Spareinlagen den Nachlaß bilden, liegt schon eine Doppelberechnung vor, da die als Schuldner erscheinenden Finanzinstitute und sonstigen Unternehmungen, welche die Aktien emittieren und die Spareinlagen anlegen, juristische Personen sind, nach denen ein Erbanfall nicht erfolgt. Deshalb werden die Aktien und Spareinlagen in den Nachlaßgebührengrundlagen als Schuldenposten nicht in Abzug gebracht, ebenso auch nicht in den Gebührenäquivalentgrundlagen, da bloß das Mobiliarvermögen der Aktionäre oder der auf Geschäftsanteile gegründeten Unternehmungen einem Gebührenäquivalent unterliegen im Sinne des Punktes 2 des § 119 des G.-A. XXXIV v. J. 1920). Demzufolge würde die Berücksichtigung der Aktien und Spareinlagen in dem Nachlaß der physischen Personen zu einer Doppelberechnung führen.

Bei der auf Grund der Erbschaftsgebühr vorgenommenen Vermögensschätzung ist vom Gesichtspunkte des Ergebnisses aus der bei der Erbschaftsannuität angewendete Multiplikator von Wichtigkeit. Dies ist der durchschnittliche Überlebungskoeffizient (survie moyenne) der Erben den Erblassern gegenüber. Es wäre notwendig, daß dessen Feststellung in den einzelnen Ländern in einheitlicher Weise erfolgt, was unter normalen Verhältnissen mit keinerlei besonderen Schwierigkeiten verbunden ist. Es muß die mittlere Lebensdauer der Bevölkerung festgestellt werden; z. B. ist im heutigen Ungarn, gemäß Tabelle 1, die durchschnittliche mittlere Lebensdauer bei Männern 32,74512 Jahre, bei Frauen 33,22096 Jahre. Die wahrscheinliche mittlere Lebensdauer eines 32,74512 Jahre alten Mannes beträgt — ebenfalls gemäß Tabelle 1 — 33,22 Jahre, die einer 33,22096 Jahre alten Frau 33,12 Jahre. Die wahrscheinliche durchschnittliche mittlere Lebensdauer beträgt somit im heutigen Ungarn 33,1725 Jahre. Wer 32,983 Jahre erreicht hat[1]), dessen wahrscheinliche mittlere Lebensdauer beträgt im heutigen Ungarn — nach den Daten der Tabelle — weitere 33,1725 Jahre. Dies repräsentiert die Zahl der Jahre, um welche der Erbe den Erblasser im Durchschnitt überlebt. Dies ist der Multiplikationskoeffizient.

---

[1]) Das heißt der Durchschnitt von 32,74512 und 33,22096 = 32,98304.

Die auf Grund der Erbschaftsdaten durchgeführte Schätzung besitzt, vom Gesichtspunkte der Überprüfung der mit Hilfe der objektiven Methode gewonnenen Ergebnisse aus, überall ihre Bedeutung, wie auch wir dieselbe bei der Schätzung des Grundbesitzes vorgenommen haben.

Die Ergebnisse der auf der Vermögenssteuer beruhenden subjektiven Methode führen nicht zu dem Betrage des vollständigen Nationalvermögens, sondern nur zu der Gesamtheit des besteuerten Vermögens. Es kann also auch der subjektiven Methode nur eine subsidiäre Bedeutung zugesprochen werden. Mit ihren kontrollierenden Angaben, kann sie den mittelst der objektiven Methode gewonnenen Daten zu Hilfe genommen werden.

Die Schätzung des Volksvermögens ist eines jener Probleme, deren je vollkommenere Lösung zu den wichtigsten und schönsten Aufgaben der Wirtschaftsstatistik gehört.

Tabellen.

Tabelle 1. Durchschnittliche mittlere Lebensdauer

Männer. Nach den Berechnungen

Alter J.	Mittlere Lebensdauer Jahre	Von 100000 Einwohnern männlichen Geschlechtes entfallen auf die Altersklasse	Von der mittleren Lebensdauer der ganzen männlichen Bevölkerung entfallen auf die Altersklasse	Alter J.	Mittlere Lebensdauer Jahre	Von 100000 Einwohnern männlichen Geschlechtes entfallen auf die Altersklasse	Von der mittleren Lebensdauer der ganzen männlichen Bevölkerung entfallen auf die Altersklasse
0	39,954	2442	0,97568			Report	29,91782
1	50,414	1916	96593	51	19,366	1165	22561
2	52,074	1819	94723	52	18,628	1149	21404
3	52,801	1760	92930	53	17,968	1128	20268
4	52,788	1728	91218	54	17,286	1107	19136
5	52,456	1706	89490	55	16,601	1087	18045
6	51,956	1690	87806	56	15,920	1066	16971
7	51,833	1676	86118	57	15,303	1040	15915
8	50,755	1663	84406	58	14,626	1018	14889
9	50,101	1652	82767	59	14,012	991	13886
10	49,380	1643	81131	60	13,349	966	12895
11	48,620	1635	97494	61	12,785	935	11954
12	47,827	1628	77862	62	12,120	910	11029
13	47,013	1621	76209	63	11,540	878	10132
14	46,193	1615	74602	64	10,980	845	9278
15	45,380	1609	73016	65	10,385	813	8443
16	44,577	1602	71412	66	9,880	774	7647
17	43,821	1593	69807	67	9,326	740	6901
18	43,109	1582	68198	68	8,800	702	6178
19	42,528	1571	66811	69	8,300	662	5495
20	41,765	1558	65070	70	7,752	625	4845
21	41,122	1545	63533	71	7,358	577	4246
22	40,489	1531	61989	72	6,828	540	3687
23	39,844	1517	60443	73	6,458	491	3171
24	39,182	1504	58930	74	6,090	444	2704
25	38,494	1492	57433	75	5,674	402	2280
26	37,789	1481	56036	76	5,310	358	1901
27	37,090	1469	54486	77	4,983	314	1565
28	36,357	1458	53009	78	4,584	277	1270
29	35,641	1447	51573	79	4,422	230	1017
30	34,883	1437	50127	80	3,978	201	800
31	34,165	1425	48685	81	3,772	164	619
32	33,405	1415	47268	82	3,374	138	466
33	32,664	1404	45860	83	3,223	107	345
34	31,910	1394	44483	84	2,973	84	250
35	31,125	1384	43077	85	2,837	62	176
36	30,366	1373	41693	86	2,720	45	122
37	29,641	1361	40341	87	2,683	31	83
38	28,867	1350	38971	88	2,544	23	59
39	28,142	1337	37626	89	2,510	15	38
40	27,380	1326	36306	90	2,192	11	24
41	26,676	1311	34972	91	2,114	7	15
42	25,907	1300	33679	92	1,753	5	9
43	25,195	1285	32376	93	1,625	3	5
44	24,432	1273	31102	94	1,618	2	3
45	23,662	1261	29838	95	1,500	1	2
46	22,946	1246	28591	96	1,735	0,4	1
47	22,237	1230	27352	97	1,600	0,2	—
48	21,503	1215	26126	98	1,333	0,15	—
49	20,790	1199	24927	99	1,167	0,07	—
50	20,050	1183	23719	100	—	0,05	—
		Report	29,91782				32,74512

Dr. Julius Altenburgers. Frauen.

Alter J.	Mittlere Lebensdauer Jahre	Von 100000 Einwohnern weiblichen Geschlechtes entfallen auf die Altersklasse	Von der mittleren Lebensdauer der ganzen weiblichen Bevölkerung entfallen auf die Altersklasse	Alter J.	Mittlere Lebensdauer Jahre	Von 100000 Einwohnern weiblichen Geschlechtes entfallen auf die Altersklasse	Von der mittleren Lebensdauer der ganzen weiblichen Bevölkerung entfallen auf die Altersklasse
0	42,568	2322	0,98843			Report	30,20497
1	51,072	1894	96800	51	20,199	1165	23532
2	52,607	1804	94903	52	19,416	1153	22387
3	53,380	1744	93095	53	18,732	1134	21242
4	53,307	1714	91368	54	18,006	1117	20113
5	52,981	1693	89697	55	17,271	1100	18998
6	52,490	1676	87973	56	16,535	1083	17907
7	51,924	1663	86350	57	15,889	1060	16842
8	51,304	1650	84652	58	15,161	1041	15783
9	50,633	1640	83038	59	14,530	1016	14762
10	49,909	1631	81402	60	13,788	997	13747
11	49,168	1622	79750	61	13,195	968	12773
12	48,386	1615	78143	62	12,469	947	11808
13	47,607	1608	76552	63	11,895	915	10884
14	46,833	1600	74933	64	11,305	883	9982
15	46,078	1591	73310	65	10,696	852	9113
16	45,332	1583	71761	66	10,172	814	8280
17	44,632	1572	70162	67	9,605	779	7482
18	43,938	1561	68587	68	9,057	742	6720
19	43,283	1549	67045	69	8,585	699	6001
20	42,598	1538	65516	70	7,955	669	5322
21	41,948	1525	63971	71	7,537	620	4673
22	41,283	1513	62461	72	6,943	586	4069
23	40,625	1500	60938	73	6,579	534	3513
24	39,937	1489	59466	74	6,185	485	3000
25	39,280	1476	57977	75	5,791	439	2542
26	38,594	1464	56502	76	5,421	392	2125
27	37,922	1451	55025	77	5,130	343	1760
28	37,214	1440	53588	78	4,707	305	1436
29	36,561	1427	52173	79	4,624	250	1156
30	35,820	1416	50721	80	4,141	222	919
31	35,168	1403	49341	81	3,982	181	721
32	34,402	1393	47922	82	3,537	156	552
33	33,709	1381	46552	83	3,491	118	412
34	32,979	1370	45181	84	3,184	96	306
35	32,218	1360	43816	85	3,028	73	221
36	31,480	1348	42435	86	2,875	55	158
37	30,754	1337	41118	87	2,828	39	110
38	29,992	1326	39769	88	2,761	28	77
39	29,278	1314	38471	89	2,700	20	54
40	28,491	1304	37152	90	2,386	15	36
41	27,783	1290	35840	91	2,430	10	24
42	26,988	1281	34572	92	2,048	7	14
43	26,271	1267	33285	93	2,034	4	8
44	25,489	1257	32040	94	2,074	3	6
45	23,662	1246	30766	95	2,086	2	4
46	23,952	1233	29533	96	1,862	1	2
47	23,198	1220	28302	97	1,786	1	2
48	22,433	1208	27099	98	1,395	0,4	1
49	21,696	1193	25883	99	1,389	0,2	—
50	20,912	1182	24718	100	—	0,2	—
		Report	40,20497				33,22086

Tabelle 2. Aufteilung der Linien der ungarischen Vizinalbahnen

Benennung der Vizinalbahn	Kilometerlänge d. Linien: Insgesamt	Kilometerlänge d. Linien: Auf das Ausland entfallende Kilom.-Länge	Prioritätsaktienkapital in Pengö: Insgesamt	Prioritätsaktienkapital in Pengö: Auf die ausländische Linie entfallender Teil
Nagykároly-Mátészalka-Csaper	88	10	3707200	421273
Szatmár-Mátészalkaer	50	14	2442500	663912
Sopron-Köszeger	58	52	3440000	3084000
Boldvavölgyer	58	3	2634560	136270
Nyitra-Üzbég-Radosnaer	25	25	392700	392700
Pöstyén-Verbóer	12	12	162350	162350
Töketerebes-Gálszécs-Varannóer	31	31	309536	309536
Vágselye-Negyeder	19	19	265574	265574
Kecskemét-Fülöpszálláser	39	—	1664000	—
Pécs-Báttaszéker	72	—	833280	—
Baja-Bezdán-Szonder	111	80	1033000	744000
Pécs-Dolni-Miholjacer	52	8	4457280	685735
Szabadka-Gombos-Palánkaer	136	136	412020	412020
Dráva-Szávavidéker	118	118	766380	766380
Hölak-Nemsó-Lednicrónaer	18	18	337824	337824
Kassa-Tornaer	55	55	618732	618732
Vinkovce-Brcskaer	54	54	279480	279480
Gölnitzvölgyer	34	34	458014	458014
Szombathely-Pinkaföer	53	37	1550240	1082243
Hidegkut-Tamásier	13	—	490880	—
Kaposvár-Mocsoláder	27	—	1001120	—
Petrozsény-Lupényer	19	19	1053440	1053440
Ujszász-Jászapáti-Vámosgyörker	62	—	907200	—
Körmend-Németujvárer	24	11	1104800	506367
Bodrogközer	76	—	2240000	—
Nyiregyházavidéker	69	—	1189120	—
Pápa-Bánhidaer	97	—	2774240	—
Hódmezövásárhely-Makó-Nagyszentmiklóser	50	13	2250560	585146
Pusztatenyö-Kunszentmártoner	35	—	882480	—
Köszeg-Szombathelyer	18	—	537280	—
Délduna vidéker	180	180	1062780	1062780
Halas-Bácsalmás-Rigyicaer	71	5	3146560	221546
Békés-Csanáder	83	—	3200000	—
Budapest-Tiszaer	123	—	4383200	—
Ceglédvidéker	20	—	1573440	—
Duna-Ipolyvölgyer	65	—	4596800	—
Fejér- und Tolna-vármegyeer	107	—	6158400	—
Karcag-Tiszafüreder	45	—	1647680	—
Miskolc-Mezöcsáter	34	—	828000	—
Orosháza-Szentes-Csongráder	65	—	2589280	—
Pápa-Csornaer	37	—	1840160	—
Püspökladány-Füzesgyarmater	38	—	1735840	—
Debrecen-Nagyvárader	85	11	7791360	1008294
Drávavölgyer	137	43	9691520	3041864
Bács-Bodrog-vármegyeer	212	212	1137780	1137780
Csantavérer	9	9	71900	71900
Duna-Szávaer	52	52	588160	588160
Lónyavölgyer	115	115	700000	700000
Ruma-Klenáker	31	31	188380	188380
Transport:	3082	1407	93127030	20985700

zwischen dem Inlande und Auslande nach Kilometern und Wert.

Benennung der Vizinalbahn	Kilometerlänge d. Linien		Prioritätsaktienkapital	
	Insgesamt	Auf das Ausland entfallende Kilom.-Länge	Insgesamt	Auf die ausländische Linie entfallender Teil
			in Pengö	
Report:	3082	1407	93127030	20985700
Hontvármegyeer	41	41	57222	57222
Zsitvavölgyer	67	67	819740	819740
Zsolna-Rajecer	22	22	263500	263500
Zsebely-Csákóvár-Bókaer	49	49	2035360	2035360
Somogyvármegyeer, Vereinigte	158	—	6279360	—
Szatmár-Fehérgyarmater	40	12	1829000	584700
Szekszárd-Báttaszéker	20	—	871680	—
Biharer	179	150	7040000	5899441
Budapest-Esztergom-Füzitóer	102	—	17183680	—
Dunántuler	552	82	33116800	4919525
Györ-Sopron-Ebenfurter	124	27	8706496	1895769
Fertövidéker	103	40	2448000	950679
Györ-Veszprém-Dombovárer	203	—	11301280	—
Kassa-Hegyaljaer	52	—	3593280	—
Keszthelyvidéker	35	—	1774480	—
Mátra-Körösvidéker	310	55	40800000	7238710
Nógrádvármegyeer	113	11	5064720	493026
Szabolcsvármegyeer	165	—	5403840	—
Szeged-Nagykikinda-Nagybecskereker	135	126	6432000	6003200
Csáktornya-Zágráber	116	116	7183320	7183320
Szlavoniaer	134	134	589660	589660
Versec-Kubinier	85	85	494000	494000
Csetnekvölgyer	24	24	265812	265812
Murányvölgyer	41	41	479672	479672
Pozsony-Komáromer	98	98	956760	956760
Baja-Gara-Országhatárszéler	23	—	893120	—
Bicske-Székesfehérvár-Sárbogárder	78	—	3886080	—
Eger-Putnoker	70	—	6208800	—
Félegyháza-Majsa-Halaser	46	—	2223360	—
Felsöör-Tarcsa-Felsölövöer	9	9	642390	642390
Gyulavidéker	49	32	980407	640266
Kaposvár-Fonyóder	54	—	2367974	—
Körös-Belov.-Veröce-Barcser	202	202	1723000	1723000
Magyar-Délkeleter	188	188	9679360	9679760
Sopron-Pozsonyer	93	93	5434670	5434670
Szigetvár-Kaposvárer	54	—	2760800	—
Szolnok-Kiskunfélegyházaer	65	—	2375840	—
Zombor-Obecseer	91	91	508640	508640
Debrecener	23	—	3401120	—
Debrecen-Nyirbátorer	62	—	3590720	—
Debrecen-Hajdunánáser	57	—	1602080	—
Debr.-Füzesab.-Ohat-Polgárier	138	—	7012960	—
Tiszapolgár-Nyiregyházaer	56	—	2167360	—
Nagyvárad-Belényes-Vaskoher	117	117	5325920	5325920
Alfölder I. Wirtschafts-Eisenbahn	134	—	2310560	—
Budapester Lokaleisenbahn	151	—	57212640	—
Kunszentmiklós-Dunapatajer	50	—	2101440	—
Barcs-Pakrácer	124	122	1200000	1180645
	7984	3441	383736933	87251687

Tabelle 3.

Der Viehbestand Ungarns nach Stückzahl, Durchschnittsgewicht, Durchschnittspreis und Wert.

Ergebnisse der im Frühjahr des Jahres 1927 durchgeführten Nutzviehzählung [1]).

	Stück	Durchschnittsgewicht kg	Preis pro kg Pengö	Preis pro Stück Pengö	Gesamtwert Pengö
Stiere, ungarische Art	6098	582	0,84	488,88	2981190
„ bunte „	17293	660	1,02	673,20	11641647
Kühe, ungarische Art	147612	407	0,85	345,95	51066371
„ bunte „	760771	501	0,87	435,87	331597255
Färsen und junge Ochsen (Jungvieh)	302855	315	0,83	261,45	79181439
Kälber	305244	66	1,54	101,64	31029999
Ochsen, ungarische Art	43154	558	0,89	496,62	21431139
„ bunte „	221411	635	0,99	628,65	139818675
Hornvieh	1805438	—	—	370,57	668742715
Schweine, prima schwere	567732	160	1,55	248,00	140797536
„ gesammelte leichte.......	444391	120	1,54	184,80	82123456
Ferkel, junge, leichte, unter einem Jahr	1374541	95	1,43	135,85	186231394
Schweine und Ferkel	2386664	—	—	—	409152386
Schafe und Widder	1006883	37	0,70	25,90	26078269
Schöpse	214145	37	0,72	26,64	5704822
Lämmer.........................	389688	11	1,4	11,44	3458030
Schafbestand	1610716	—	—	—	35241121
Ziegen und Zicklein [2])	36418	—	—	—	648947
Pferde und Fohlen [3]).............	903326	—	—	—	423591375
Viehbestand	6742562	—	—	—	1537376544

[1]) Die auf die Hauptergebnisse der Viehzählung bezüglichen Angaben verdanken wir der Nachrichtendienstabteilung des Kgl. Ung. Ackerbauministeriums, die auf die Viehpreise bezüglichen Daten hingegen dem Kgl. Ung. Stat. Zentralamte. Wo bei dem Hornvieh die Geschlechtsgruppen (Stier, Kuh, Ochse usw.) nicht den Arten nach unterschieden sind, wurden dem Landesdurchschnitt entsprechend für bunte Arten 73,93%, für ungarische und sonstige Arten 26,07% angenommen. Diese Detaillierung war zwecks Erzielung eines je genaueren Ergebnisses notwendig, da den Arten nach hinsichtlich des Durchschnittsgewichtes und Durchschnittspreises bei den einzelnen Stücken ein großer Unterschied besteht.

[2]) Die Zahl der Ziegen beträgt 31 782, für welche wir als Durchschnittswert 18,75 P. angenommen haben, die Zahl der Zicklein 4636 im Werte von 11,44 P. pro Stück.

[3]) Den Durchschnittspreis der 201011 Stück Fohlen haben wir pro Stück mit 273 P., den Durchschnittspreis der 702315 Stück Pferde mit 525 P. berechnet, und zwar auf Grund der Wertangaben der Außenhandelsstatistik. (Statistische Monatshefte 1927. Hefte 10—12. S. 524.)

Literaturwissenschaft und -geschichte

BANG, W., GABAIN, A. v.: Ein uigur. Fragment über den manichäischen Windgott (VIII). BRÜCKNER, A.: Ungarn und Polen (IV). —: Ein Arpaden-Held russischer Balladen? (VI). DRESCHER, P.: Die ungar. Übersetzungsliteratur 1920—28 (IX). FARKAS, J. v: Ein deutsches episches Gedicht von Vörösmarty (IX). FITRÄT, RACHMATI: Qutadyu Bilig (VI). GRAGGER, R.: Eine altungarische Marienklage (III). —: Beiträge zur Visionenliteratur im Mittelalter (V). —: Martin Opitz und Siebenbürgen (VI). GYÖRGY, L.: Die ungar. Literatur in Siebenbürgen 1919 bis 1922 (III). —: Die Übersetzungen deutscher Romane und Erzählungen in der ungar. Literatur (1772—1836) (VIII). HAMMERICH, L. L.: Der junge ungarische Ritter im Fegefeuer (VII). MOÓR, E.: Deutsche Spielmannsstoffe in Ungarn (V). SCHÖPFLIN, A.: Die ungar. Literatur im 20. Jh. (V). WALDER, J. v.: Formprobleme eines Gedichtes (VII). WEBER, A.: Maria Theresia auf dem Preßburger Reichstag (III).

Landes- und Volkskunde

BOLTE, J.: Finnische und estnische Volksmärchen (II). BULLA, B.: Die neuere ungar. Geographie (IX). PFISTER, J.: Pannonien in polit.-geogr. Betrachtung (VIII). PRINZ, J.: Die Siedlungsformen Ungarns (IV). SCHULZE, W.: Das Rätsel vom trächtigen Tiere (IV). SOLYMOSSY, A.: Verwandtschaft der ungar. Volksmärchen mit den orientalischen (III). SOÓ, R. v.: Die Entstehung der ungar. Puszta (VI).

Arbeiten, Sprachwissenschaft, Geschichte, Landes- und Volkskunde umfassend

BONKÁLÓ, A.: Die ungarländischen Ruthenen [Sprachwiss., Gesch.] (I). GOMBOCZ, Z.: Die bulgar. Frage und die ungar. Hunnensage [Sprachwiss., Gesch.] (I). MARKWART, J.: Ein arabischer Bericht über die arktischen (uralischen) Länder aus dem 10. Jh. [Gesch., Sprachwiss., Landeskunde] (IV). —: Kultur- und sprachgeschichtliche Analekten [Gesch., Sprachwiss.] (IX). MOÓR, E.: Eine Vorrichtung der ungar. Sperrfischerei [Sprachwiss., Volkskunde] (VII). —: Zur Siedlungsgeschichte der deutsch-ungar. Sprachgrenze I, II [Gesch., Sprachwiss.] (IX). SCHOSTAKOWITSCH, W. B.: Die historisch-ethnograph. Bedeutung der Benennungen sibirischer Flüsse [Geogr., Sprachwiss.] (VI). TAGÁNYI, K: Alte Grenzschutzvorrichtungen und Grenzödland: *gyepü* und *gyepüelve* [Sprachwiss., Gesch.] (I).

Wirtschaftswissenschaft und -geschichte, Soziologie, Bevölkerungslehre

BUDAY, L. v.: Landwirtschaftliche Produktion in Ungarn (I). —: Die Bevölkerungsbewegung in Ungarn und der Krieg (I). —: Neuere Bestrebungen zur Förderung des Handwerks in Ungarn (V). DOMANOVSZKY, A.: Die Vergangenheit der ungar. Donau-Handelsschiffahrt (II). ECKHART, Fr.: Die Handels- und Zahlungsbilanz Ungarns unter der Regierung Maria Theresias (III). FELLNER, F. v.: Die internationale Zahlungsbilanz Rumpfungarns und das Problem der Wiedergutmachungen (III). FUCHS, A. v.: Skizze des ungar. Bankwesens (I). HORVÁTH, J. v.: Das Genossenschaftswesen in Ungarn (I). KOVÁCS, A.: Die Wiedergeburt der ungar. Volkskraft (II). KVASSAY, E. v.: Die Donau vom Standpunkt der Schiffahrt (I). SCHÜNEMANN, K.: Zur Grundbesitzverteilung im mittelalterl. Ungarn (VI). SEBESS, D.: Die Agrarreform in Ungarn (I). SINZ, J.: Die Sanierung Ungarns (VII). —: Konjunkturforschung in Ungarn (IX). SZEKFÜ, J.: Geschichte des ungar. Weinbaus (III). VARGA, St.: Die wirtschaftlichen Schäden der Besetzung Rumpfungarns (IV). WALDER, J. v.: Das Sparwesen in Ungarn [1839—1914] (VI). ZEMPLÉNI, E.: Die Sowjetführer Ungarns (IV). —: Wirtschafts- und Finanzgeschichtliches zur Bankozettelperiode in Ungarn (VIII).

Rechtswissenschaft und -geschichte, Politik, Publizistik

ANDERSSEN, W.: Die Entwicklung der ungar. Räteverfassung (IV). BAJZA, J. v.: Die kroatische Publizistik während des Weltkrieges (I). CONCHA, V.: Die ungar. Publizistik (I). ECKHART, F.: Staatsrecht und Privatrecht in Ungarn im Mittelalter (IX). EGYED, St.: Die heutigen staatsrechtlichen Einrichtungen Ungarns (III.) KUNCZ, E.: Die gesetzliche Regelung des Schutzes gegen den unlauteren Wettbewerb in Ungarn (V). MAGYARY, Z.: Das ungar. Budgetrecht (IV). NYULÁSZI, J.: Staatsverträge zur Regelung von Steuer- und Gebührenfragen (II). RÉZ, M.: Gedanken über Stephan Tisza (I).

Bildung, Unterrichtswesen, Ungarisches Institut an der Universität Berlin

BECKER, C. H.: Robert Gragger (VII). GRAGGER, R.: Unser Arbeitsplan (I). —: Die ungar. Universität (V). KLEBELSBERG, K.: Die Universität der öffentlichen Sammlungen (III). —: Ungar. Kulturpolitik nach dem Kriege (V).

Kunst, Kunstgeschichte

GEREVICH, T.: Von der älteren ungar. Kunst (V). GOMBOSI, O. J.: Eine deutsche Lautentabulatur (III). SCHÜNEMANN, G.: Ungar. Motive in der deutschen Musik (IV). SENGER, A.: Der Reiter im Kaiserdom zu Bamberg (IV).

Bd. I—V enthalten Bibliographie, Bd. VI—X Bücherschau

DRUCK VON R. WAGNER SOHN IN WEIMAR

FSC
www.fsc.org
MIX
Papier | Fördert
gute Waldnutzung
FSC® C083411

Kolibri 360 GmbH
Ferdinand-Jühlke-Straße 7
99095 Erfurt, Deutschland
produktsicherheit@kolibri360.de